RECUEIL

D'ORDONNANCES,

STATUTS ET REGLEMENS

CONCERNANT

LE CORPS DE LA MERCERIE.

RECUEIL
D'ORDONNANCES,
STATUTS ET REGLEMENS
CONCERNANT
LE CORPS DE LA MERCERIE;

Avec deux Tables, l'une par ordre de date,

CONTENANT

Le Titre des Pieces, & le Sommaire de leurs principales dispositions.

L'autre des Matieres par ordre Alphatique.

A PARIS,
Chez J. CHARDON, Imprimeur-Libraire, rue Galande, vis-à-vis la rue du Fouare, à la Croix d'or.

M. DCC. LII.

TABLE

PAR ORDRE DE DATE

DES Pieces contenues dans ce Recueil, avec le sommaire de leurs principales dispositions.

ERRATA.

Page 5, *ligne* 29, goume, *lisez*, gonne.
9, *ligne* 19, goumes, *lisez*, gonnes.
13, *lig.* 27, demeurer, *lisez*, dénoncer.
45, *lig.* 11, Murailles, *lisez*, Mitrailles.
60, art. 9, *lig.* 2, seroient, *lisez*, feroient.
68, art 22, *lig.* 5 & 6, goumes, *lisez*, gonnes.
69, *lig.* 19, gomme, desquelles, *lisez*, gonnes d'aiguilles.
95, *lig.* 18, pouvoient, *lisez*, pourroient.
106, en marge, 14 Décembre, *lisez*, 24 Décembre.
111, en marge, 24 Août, *lisez*, 24 Avril.
113, *lig.* 18, tant de celle, *lisez*, tant de celles.
125, *lig.* 2, 9 Juillet, *lisez*, 29 Juillet; en marge, 9 Juillet 1692. *lisez*, 29 Juillet 1672 : *ligne penuitiéme*, 9 Juillet, *lisez*, 29 Juillet.
129, en marge, 29 Août, *lisez*, 29 Avril.
136, en marge, 28 Janvier, *lisez*, 18.
144, *lig.* 18, 1790, *lisez*, 1690.
145, *lig.* 9, 30 Mars, *lisez*, 31.
146, en marge, 29 Février 1699, *lisez*, 29 Janvier 1697.
147, en marhe, 19 Février 1699, *lisez*, 19 Février 1700.
173, *lig.* 18, faire, *lisez*, fait.
178, en marge, 180, *lisez*, 185. *lig.* 13, 1699. *lisez*, 1669.
179, *lig.* 2, que l'occasion, *lisez*, qu'à l'occasion.
228, *lig.* 25, après ces mots *nouveaux Statuts*, *ajoûtez*, ne pourra nuire.

ORDONNANCE
DU ROY
CHARLES VI. *Mars 1407.*

Servant de Statut aux Marchands Merciers, Grossiers, Jouailliers de cette Ville de Paris.

CHARLES, PAR LA GRACE DE DIEU, ROI DE FRANCE; Sçavoir faisons à tous presens & advenir: Que oye la Relation à Nous faite par nostre Amé & féal Chevalier, Conseiller & Chambellan, Guillaume Seigneur de Tignonville, Prevost de Paris, pour Nous, disant que n'agueres par grave & meure délibération de Conseil, & pour le bien & utilité de Nous, de la chose publique & de la Marchandise de Mercerie, exercitée en nostre bonne Ville de Paris, il avoit & a fait certains Statuts & Ordonnances ſur le fait de ladite marchandiſe, en la forme & maniere contenues en ſes lettres Patentes, contenans la forme qui enſuit.

A Tous ceux qui ces préſentes lettres verront, Guillaume Seigneur de Tignonville, Chevalier, Conſeiller, Chambellan du Roi notre Sire, & Garde de la Prévoſté de Paris, SALUT. Sçavoir faiſons; Que pour & afin de pourveoir à la grieve complainte, dès long-tems & par itératives fois à Nous faite par les Marchands & Marchandes de Mercerie, demeurans & fréquentans en la bonne Ville de Paris, en ce que iceux Marchands & Marchandes, diſoient & dient, que ledit meſtier, & marchandiſe qui eſt un des plus grands faits de marchandiſe qui ſoit en ladite Ville, étoient moult diverſifiés, mués & changés, enſemble l'exercice & gouvernement d'iceux: & que en icelui étoient de jour en jour, & dès long-tems y a, avoient été commiſes pluſieurs grands déceptions, fraudes & mauvaiſtiés, tant par Marchands forains & oultremontains, comme autres, par faute de bonne réformation & deue proviſion, & qu'il étoit de néceſſité au moins étoit très-expédient, que les anciens Statuts & Ordonnances faits ſur ledit meſtier & marchandiſe, & leurs appartenances fuſſent par Nous recolés, & en aucuns poincts mués, corrigés, interprêtés & plus amplement declarés en aucuns: autres augmentés, & en autres diminués. Et en outre étoit très-expédient que à tous iceux autres:

articles & Statuts fussent adjoûtés aucuns autres poincts & articles advisés par Nous & les Conseillers du Roi, ou Chastelet de Paris, en la présence & par l'advis de la plus grande & seine partie des notables Merciers demeurans en ladite Ville ci-dessous nommés. C'est à sçavoir de Jean Guerin, Droüet Midoulx, Guiot le Voyer, Jacques Massecher, Gillet Carré, Jean Comptant, Charles Becquet, Jean de Sainct Martin, Jean Lormier, Guillaume Granchier, Simon Poulart, Jean Pillot, Phlipot Potier, Perrin Tronçon, Simon Tartarin, Guillemin le Dampnois, Robin le Vasseur, Guillaume Godin, Denisot Godin, Jean de Montfort, Robin Louvet, Robin Salé, Gassot le Bossu, Remondin Chevalier, Pierre du Han, & Thomas le Poix, Tous Merciers, & Marchands d'icelle marchandise à Paris. Car autrement en ladite Ville de Paris qui doit être vrai miroüer & exemple en bonne police, à toutes les autres bonnes Villes du Royaume de France, mesmement en faict de marchandise, seroient en brief tems commises plus de fraudes, déceptions & mauvaistiés oudit fait & marchandise de Mercerie, qu'en aucun autre fait de marchandise qui fut démené, ou exercité en icelle, dont inconvéniens irréparables se pourroient ensuivir. Nous pour ce à la rélation & par l'advis des Avocats & Procureur dudit Seigneur audit Chastelet de Paris, de autres sages, & desdits Merciers, pour ce que dit est, assemblés par devant Nous audit Chastelet, par plusieurs & diverses fois & journées, En corrigeant, & adjoûtant à iceux anciens Regiſtres & Statuts faits ſur ledit meſtier & marchandiſe, & leurs appartenances, pour le bien & utilité du Roi, de Juſtice & de la choſe publique : Et pour reformer le fait de ladite Mercerie de Paris de bien en mieux : Avons faits les nouveaux Statuts, Poincts & Ordonnances qui s'enſuivent.

Premierement, que tous Marchands tant forains comme autres demeurans à Paris, qui s'entremettront doreſnavant de la marchandiſe de Mercerie à Paris, ſeront tenus de vendre denrées, & marchandiſes de Mercerie, bonnes, loyales & marchandes, ſelon les pays où elles ſeront & auront été faites, ſur peine de perdre icelles denrées, qui ne ſeront trouvées telles, & d'amende arbitraire, de laquelle amende le Roi aura la moitié, & les Jurés & Gardes de la marchandiſe, l'autre.

(2.) *Item*, que tous Marchands Merciers quelsconques desdites denrées de Mercerie, ſeront tenus advouer leurs denrées, & marchandiſes de Mercerie, qu'ils auront ou envoyeront en ladite ville de Paris pour vendre. C'eſt à ſçavoir qu'elles ſeront des villes, lieux & pays, où icelles denrées auront été faites, & non d'autre part, ſur peine de cent ſols pariſis d'amende, à appliquer moitié audit Seigneur, & l'autre moitié auſdits Jurés.

(3.) *Item*, que tous Marchands eſtrangers quelsconques, faiſant fait de marchandiſe de Mercerie, ſeront doreſnavant tenus monſtrer & exhiber aux Jurés & Gardes de ladite marchandiſe à Paris, leurs denrées & marchandiſes de Mercerie, qu'ils auront envoyé, ou amené pour vendre illec, pour veoir

& adviser se icelles denrées seront bonnes, loyales & marchandes, avant ce que ils les puissent vendre, ne exposer, ou faire exposer en vente. Et qui sera trouvé faisant le contraire, il payera deux sols parisis pour livre de toute marchandise qu'il aura ainsi exposée en vente, à appliquer : C'est à sçavoir moitié au Roi & moitié ausdits Maistres : Et se la marchandise n'est suffisante, la vente lui sera défendue en la Ville & Vicomté de Paris, sur peine d'être acquise au Roi, & d'en être autrement ordonné, selon la discrétion de Nous, & de nos Successeurs.

(4.) *Item*, que tous Marchands Merciers qui voudront doresnavant vendre ou faire vendre denrées & marchandises de Mercerie à Paris, seront tenus vendre, ou faire vendre icelles denrées & marchandises en la maniere qui s'ensuit. C'est à sçavoir, Boucassins, Fustaines, Bouguerans, Draps de borde, de quelque sorte que ce soit, sous cordes en balles, ainsi comme ils viendront du pays. Et que les Fustaines, Boucassins, & bordes, soient des longueurs qui s'ensuivent. C'est à savoir Fustaines courtes de douze aulnes de Paris, largement chacune piece, & les Boucassins, Fustaines doubles, Fustaines rezes, Fustaines rayées, bordes doubles, & sangles, Fustaines de guerde, Boucassins de guerde, chacune piece tenant vingt-quatre aulnes largement à la mesure de Paris, & des largeurs anciennement accoustumées, & pareillement une gomme d'aiguilles, la mendre de six milliers & toute d'une sorte, & au dessus s'y grande comme ils voudront : Et aussi une grosse de sonnettes, qui fait un sac de douze douzaines, & non point à moins, & qui sera trouvé faisant le contraire, il payera pour chacune fois quatre livres parisis d'amende, moitié au Roy, & moitié ausdits Maistres : Et seront les denrées qui ne seront des longueurs & largeurs dessusdites, essorillées, pour être conneues. Et s'y seront tenus les vendeurs de déclarer aux Marchands achepteurs, les longueurs que icelles denrées auront, sur peine de perdre icelles denrées.

(5.) *Item.* Tous Marchands quelsconques, repairans & habitans en la ville de Paris, & autres Marchands demeurans hors de la ville de Paris, qui s'entremettront de vendre, & faire vendre à Paris, or & argent filé fait à Gennes, que l'on appelle or & argent de Chippre, qui se vend en cannettes : Seront tenus de vendre iceluy or & argent, entresuivant : & au tel dessous comme dessus, sur peine de quarante sols parisis d'amende, à appliquer moitié audit Seigneur, & moitié ausdits Maistres, pour chacune fois qu'ils seront trouvés défaillans en ce : Et si sera l'or & l'argent qui sera ainsi trouvé non entresuivant, & fardé, forfaict, & acquis au Roy.

(6.) *Item.* Que tous Marchands quelsconques demeurans hors la ville de Paris, qui s'entremettent de vendre & faire vendre à Paris les denrées & marchandises appartenant à la Mercerie, dont cy-après est faite mention, seront tenus doresnavant de vendre icelles denrées en la maniere qui s'ensuit. C'est à sçavoir, Fustaines qui se font en Allemagne, Toilles teintes d'Allemagne, Cousteleries de quelques pays que ce soit, Pignes de bois de limons, & de Limoges & des pays d'environ : Œuvre de Forge de Thoulouse, de Retingues, & autres marchandises en balles, ou en ballons, Tonneaux, Barils, Casses, en la maniere qu'ils viennent du pays à présent, & ont accoustumé de venir : Et que les Fustaines dessus déclarées d'Allemagne, soient de douze aulnes largement la piece, & les toilles de onze aulnes & demie la piece largement, & du lé qu ils ont accoustumé, & non autrement : Et qui sera trouvé faisant le contraire, pour chacune fois, il payera quatre livres parisis d'amende, moitié au Roy, & moitié ausdits Maistres : & au cas que icelles denrées ne seront d'icelles longueurs, elles seront essorillées, & néantmoins seront les vendeurs desdites denrées tenus de déclarer aux Marchands achepteurs d'icelles, les longueurs que icelles denrées auront, sur peine de perdre icelles denrées.

(7.) *Item*. Semblablement tous Marchands demeurans hors de la ville de Paris, qui s'entremettront de vendre & faire vendre à Paris, serges qui appartiennent à la Mercerie : C'est à sçavoir d'Arras, d'Angleterre, d'Illande, ou d'ailleurs, seront tenus de icelles vendre sous cordes, & les balles entieres, ainsi comme elles viennent du pays & des longueurs accoustumées : C'est à sçavoir celles d'Arras de vingt-trois à vingt-quatre aulnes de Paris de longueur : Et celles d'Angleterre & d'Illande de vingt & une à vingt-deux aulnes de Paris de long. & que elles soient entresuivans, deuement selon la monstre, sur les peines déclarées au prochain, & dernier article précedent.

(8.) *Item.* Semblablement feront auſſi tenus tous Marchands demeurans hors de la ville de Paris, qui s'entremettront de vendre à Paris, eſtamines qui ſe font en Auvergne, vendre icelles eſtamines ſous cordes, balles ou ballons entiers, ainſi comme elles viennent du pays, & des longueurs & largeurs anciennement accouſtumées. C'eſt à ſçavoir, les larges de ſoixante-huict à ſoixante-douze aulnes de Paris de long du moins, & les eſtroites à quarante-ſix aulnes de Paris de long, & toutes entreſuivans, deuement ſelon la monſtre, ſur peine de cent ſols pariſis d'amende, à appliquer : C'eſt à ſçavoir ſoixante ſols au Roy, & quarante ſols auſdits Jurés.

(9.) *Item.* Pareillement que tous Marchands demeurans hors de la ville de Paris, qui s'entremettront de vendre Raſoirs, Ciſeaux, Lancettes, & autre œuvre de Forge, feront tenus de vendre, ou faire vendre icelles denrées à la douzaine entiere & non autrement. Et qui ſera trouvé faiſant le contraire, pour chacune fois & pour chacune douzaine, il payera vingt ſols pariſis d'amende, à appliquer moitié au Roy, & moitié auſdits Maiſtres, excepté toutefois les petits Merciers détailleurs portans tablettes, qui en ces préſentes Ordonnances ne ſont aucunement compris.

(10.) *Item.* Semblablement que tous Marchands demeurans hors la ville de Paris, qui s'entremettront de vendre ou faire vendre à Paris, eſtamines qui ſe font à Reims, & au pays d'environ, feront tenus de vendre,

vendre, ou faire vendre icelles estamines de la longueur accoustumée. C'est à sçavoir les longues de vingt & une aulnes de Paris, & les courtes de cinq aulnes & demie de Paris, & toutes entresuivans : C'est à sçavoir telle dessous que dessus, & environ ; & qui sera trouvé faisant le contraire, il payera pour chacune piece longue dix sols parisis d'amende, & pour chacune piece courte cinq sols parisis d'amende, à appliquer moitié au Roy, & moitié ausdits Maîtres & Jurés, & seront icelles denrées essorillées.

(11.) *Item.* Que les Hosteliers de ladite Ville & de la Banlieue d'icelle, qui auront en garde aucune marchandise de Marchands estrangers, touchant le faict de la Mercerie, ne pourront doresnavant vendre, ne faire vendre icelles denrées à détail ; mais si vendre les veulent, ils les vendront en la maniere qu'elles viennent du pays & non autrement. C'est à sçavoir en ballons, barils, tonneaux, en casses, en goumes, en sacs, comme devant est dit, & déclaré ; & qui fera le contraire, il payera pour chacune fois cent sols d'amende, à appliquer : C'est à sçavoir soixante sols au Roy, & quarante sols ausdits Maistres & accuseurs.

(12.) *Item.* Que aucuns Marchands ou Tainturiers, habitans en la ville de Paris, ne soient doresnavant si osés ou hardis, de vendre ne faire vendre, toiles ardans, noires, perces, ne vertes, neufves, ne vieilles, si la piece ne tient quatre aulnes de long, & telles dedans comme en la monstre ; & qui sera trouvé faisant le contraire, il payera pour chacune fois cinq ſols pariſis d'amende pour chacune piece, à appliquer moitié au Roy, & moitié auſdits Maiſtres.

(13.) *Item.* Pareillement que aucuns Marchands oultremontains, repairans & habitans en la ville de Paris, ne autre demeurans dehors de ladite ville de Paris, ne ſoient doreſnavant ſi hardis de vendre, ne faire vendre, ſoyes taintes, de quelques pays que ce ſoit, que les liens ne ſoient auſſi fins comme la ſoye; & qui fera le contraire, il payera vingt ſols pariſis pour livre d'amende, à appliquer les deux parts au Roy, & le tiers auſdits Maiſtres.

(14.) *Item.* Semblablement que aucuns Marchands oultremontains, eſtrangers, ou autres, ne pourront auſſi doreſnavant vendre ſoyes noires de Lucques, de Veniſe, ou de quelque autre ville, ou pays que ce ſoit, ſi elles ne ſont auſſi bien boluës comme autres ſoyes, & d'auſſi bonne tainture; & qui ſera trouvé faiſant le contraire, il payera pour chacune livre vingt ſols pariſis d'amende, à appliquer comme deſſus eſt dit en l'article prochain précedent.

(15.) *Item.* Que aucuns oultremontains qui ont, ou auront du Roy la franchiſe de Bourgeoiſie en la ville de Paris, ne ſoient doreſnavant ſi hardis de récepter, ne de hebergier, ou faire hebergier aucunes denrées, ou marchandiſes qui ſoient à perſonnes qui doivent au Roy les deniers de la Livre, ſur peine de forfaicture, de biens & d'amende arbitraire.

(16.) *Item.* Que aucuns oultremontains ayans ladite franchiſe de Bourgeoiſie en la ville de Paris, ne ſoient ſi hardis d'avoir compagnie de marchandiſe avec autres oultremontains qui ne ſoient pas de ladite franchiſe, fur ladite peine, fur quoi l'accufeur aura quarante fols, defquels quarante fols les Maiftres & Jurés auront la moitié.

(17.) *Item.* Que aucuns ne foient fi hardis, fur peine d'être bannis un an de la Vicomté de Paris, & de payer vingt livres d'amende au Roy, d'être Courratier de la Marchandife de Mercerie, & fes dépendances dont il fera marchand.

(18.) *Item.* Que aucun ne foit fi hardi de foy entremettre d'être Courratier de la Mercerie de Paris, & des appartenances, fi il n'eft receu par Nous, ou nos Succeffeurs, & bien applegé de cent livres parifis, fur peine de dix livres parifis d'amende pour chacune fois qu'il fera trouvé faifant le contraire, à appliquer les deux parts au Roy, & le tiers aux Maiftres.

(19.) *Item.* Que aucun, ne aucune ne foient fi hardis d'achepter Soye, Cendail, Aiguilles, ne aucune autre marchandife qui appartienne à la Mercerie, de perfonne non âgée, ni de perfonne fervant à autrui, & fe apportée lui eft pour achepter, qu'il le retienne, & fçache le lieu dont icelles denrées viendront; & qui fera trouvé faifant le contraire, il payera pour chacune fois foixante fols parifis d'amende, dont les deux parts feront au Roy, & le tiers aux Maiftres.

(20.) *Item.* Que aucun Valet, Apprentif, ou autre, qui aura foyes à ouvrer pour autrui, ne foit fi hardi de porter en gage aucunes foyes taintes, ne écrues, filées, ne à filer, fans le congé & confentement de celui ou de celle à qui ladite foye fera : Et fi le cas advenoit, Nous ordonnons que ceux qui les prendront en gage, feront contraints de les rendre à ceux à qui elles feront,fans couft;& avecques ce,payeront foixante fols parifis d'amende, dont le Roy aura les deux parts, & lefdits Maiftres l'autre tierce partie, ou tel autre amende arbitraire, comme l'exigence du cas le requerra.

(21.) *Item.* Que aucun ne aucune ne faffe à Paris,ne en la Banlieue, Carier foye, là où il ait parmi la foye, autre chofe que la foye, fur peine de perdre la foye, & d'amende arbitraire, à la difcrétion du Juge, dont les Jurés auront le quart.

(22.) *Item.* Que aucun ne aucune ne foit fi hardi de faire Carier florin, ni chiefs de quelque pays qu'ils foient, fur la peine déclarée au prochain article précedent.

(23.) *Item.* Que aucun ne mette à Paris,ne en la Banlieue, liqueur en fa cuve où l'on taint foye, par quoi la foye puift plus pefer que fon droict, & qui autrement fera, celui à quel requefte la foye aura été mife en cette cuve, payera pour chacune livre de foye quatre fols: Et ceux qui tels œuvres feront, payeront pour chacune cuvée vingt fols, à appliquer les deux parts au Roy, & le tiers aux Maiftres.

(24.) *Item.* Que aucun ne aucune ne faffe foye noire, où il y ait liqueur autre que fon droict noir (laquelle liqueur foit bonne, loyale & marchande) & que la foye foit auffi bien boulue comme autre foye, fur peine de forfaicture de ladite foye, & de dix fols parifis d'amende pour chacune livre, à appliquer comme dit eft, en l'autre prochain précedent article.

(25.) *Item.* Que aucuns vendans foye efcrue à filer, laquelle foye a liens de hars entour la tefte, ne foient fi hardis de ofter lefdits liens d'entour la foye,fur peine de vingt ſols pariſis d'amende, dont les Jurés & accuſeurs auront la moitié : C'eſt à ſçavoir, les Jurés un quart, & les accuſeurs l'autre, & de reſtitution deſdits liens à l'achepteur.

(26.) *Item*. Que fillareſſe marchande de ſoye ne pourra prendre d'autrui ſoye à filer, au cas que elle ſe entremettra d'icelle marchandiſe, a, & ſur peine de vingt ſols pariſis d'amende, à appliquer comme en l'article précedent.

(27.) *Item*. Que aucun, ou aucune ne ſoient ſi hardis d'aller achepter ſoye, & de changer ſoye pour ſoye en maiſon de perſonne, ne à perſonne qui file ſoye ; & qui ſera le contraire, il payera dix ſols pariſis d'amende pour chacune livre, tant le vendeur comme l'achepteur, à appliquer les deux parts au Roy, & le tiers aux Maiſtres & accuſeurs.

(28.) *Item*. Que fillareſſe de ſoye ne ſoit ſi hardie de faire en ſoye aucune mauvaiſe malice : C'eſt à ſçavoir, eſtroichement qui ſe fait par mauvaiſes liqueurs, dont la ſoye eſt plus peſante, ſur peine de douze ſols pariſis d'amende, à appliquer comme deſſus, & de la vallue du déchet de la ſoye, laquelle vallue ſera baillée à celui à qui la ſoye ſera.

(29.) *Item*. Pour obvier aux malices, fauſſetés, & décevances qui pourront être faites en ladite Mercerie, & contre les poincts & articles deſſuſdits, ou auncuns d'iceux, & pour demeurer à Nous & à nos Succeſſeurs, ou au Procureur du Roy audit Chaſtelet, ou au Receveur de Paris, ou ſon Lieutenant en icelui Chaſtelet, préſens ou avenir : Toutes les meſprentures, forfaictures, ou amendes, qui contre les Ordonnances dessus esclaircies, ou aucuns des articles contenus en icelles, seront, & pourront être faites, seront commis & establis chacun an au témoignage, & par l'élection & nomination de la Communauté dudit mestier & marchandise de Mercerie, cinq prud'hommes d'icelui qui seront appellés Jurés, & Gardes d'icelui mestier & marchandise, lesquels feront serment & jureront sur sainctes Evangiles, ès mains de Nous, ou nos Successeurs : Que les Ordonnances, Poincts & Articles dessus esclaircis, ils garderont bien & loyaument, rapporteront à Justice, sans aucun espargner, ne gréver, pour amour, pour haine, pour don, ne pour promesses, toutes les amendes, forfaictures & confiscations, qui desdites malfaictures pourront y être & devront appartenir audit Seigneur, selon la teneur de cette présente Ordonnance.

(30.) *Item.* Et ne pourront iceux cinq prud'hommes refuser l'exercice d'icelui Office, a, & sur peine de dix livres parisis d'amende : mais ils ne pourront être contraints, ni elleuz à être Gardes, & Jurés dudit mestier, ou marchandise, puisqu'une fois l'auront été, que l'espace de quatre ans ne soit ainçois passé, si ce n'est de leur bon gré, & consentement, ou par défaut des autres.

(31.) *Item.* Iceux Jurés & Gardes, durant leur pouvoir, pourront prendre & arrester marcs, poids, balances, aulnes, & trestoutes autres manieres de Merceries, par tous les lieux, & sur toutes personnes qui useront dudit mestier, & marchandise en la ville de Paris, là où ils sçauront & pourront sçavoir que il y ait fraude, mefprifon, ou erreur, qui regarde & touche ledit meftier & marchandife, & les pourront vifiter & examiner entr'eux, & fe ils treuvent faute, les rapporter comme deffus eft dicte: Et auffi fe ils treuvent que il y ait male façon contre les Poincts des Ordonnances deffus déclarées, ils en feront leur rapport par la maniere que dit eft, pour en ordonner, & y pourvoir felon les Inftructions, Poincts & Ordonnances devant déclarées, & autrement comme il appartiendra par raifon.

(32.) *Item*. Et à ce que mieux, & plus loyalement lefdits Jurés puiffent faire leur debvoir, & vifiter par la maniere deffus déclarée : il eft ordonné que toutes & quantesfois qu'il fera néceffité, ou meftier de faire, & eflire nouveaux Jurés, & Gardes oudit meftier, & marchandife de Mercerie à Paris, que deux des anciens Jurés demeureront pour l'année avenir, avec les autres nouveaux qui à ce feront efleuz, & commis par la maniere que deffus eft dit : Tous lefquels Poincts, articles, & Ordonnances qui cy-deffus font déclarées: Nous voulons, mandons & ordonnons être tenues, gardées & obfervées de poinct en poinct, felon leur forme & teneur, fans enfraindre par tous ceux à qui ce peut toucher, & que il appartiendra, fur les peines en icelles contenues, & iceux & icelles voulons être publiées & regiftrées ès Livres des Ordonnances de noftredit Chaftelet, en la maniere accouftumée, & par tout ailleurs où il fera expédient, ad ce que aucun n'en puiffe prétendre ignorance : Sauf toutes voyes & réfervé à Nous, & nos Succeffeurs, de pouvoir muer, corriger, interpréter, augmenter, ou diminuer à ces présentes Ordonnances, toutes & quantesfois que par la délibération du Con eil du Roy oudit Chastelet, Nous verrons estre expédient, ou nécessaire pour le bien du Roy & de la chose publique. En témoin de ce, Nous avons fait mettre à ces Lettres le Scel de la Prevosté de Paris. Ce fut fait au Chastelet de Paris, le Samedi dix-huictiesme jour de Février, l'an de grace mil quatre cens & sept. Ainsi signées, FRESNES. Nous veues lesdites Lettres, ayans icelles, & tous les Poincts, Articles & Ordonnances contenues en icelles agréables, iceux & icelles, en tant que bien & dûement ont été faits, avons loué, gréé, ratifié, confirmé, & approuvé, louons, gréons, ratifions, confirmons & approuvons par la teneur de ces présentes : Mandons audit Prevost, & ses Successeurs, & tous nos autres Justiciers & Officiers, ou à leurs Lieutenans, présens & avenir, à qui il appartiendra, que les Ordonnances cy-dessus transcrites, & chacune d'icelles fassent tenir, garder & observer, sans enfraindre par tous les Merciers, & Marchands de Mercerie en nostredite Ville, & tous autres à qui il appartiendra : En les contraignans à ce par toutes voyes deues & raisonnables, & comme ils verront estre à faire par raison ; sauf, & réservé toutes voyes à Nous ou nostredit Prevost, présent & avenir, pour Nous, de pouvoir muer, corriger, interpréter, augmenter, diminuer, ou adjouster ausdites Ordonnances, toutesfois que Nous, ou lui pour Nous, verrons qu'il sera expédient, ou nécessaire pour le bien publique & de ladite marchandise ; & que ce soit ferme chose, se, & stable à tousiours : Nous avons fait mettre nostre Scel à ces présentes, sauf en autres choses nostre droict, & l'autrui en toutes. Donné à Paris au mois de Mars l'an de grace mil quatre cens & sept. Et de nostre Regne le vingt-huictiéme. Signé sur le repli. Par le Roy, à la relation du Conseil, ALLIOLE. Et au-dessoubs collation est faicte. Et à côté, *Visa*. Auquel repli est attaché un lacs de soye rouge, & vert. Et au dos desdites Lettres est escript,

ORDONNANCES.

Publié en Jugement au Chastelet de Paris, le Samedy vingt-quatriesme jour de Mars, l'an mil quatre cens sept, présens les Avocats & Procureur du Roy, & plusieurs assistans en la Cour. Signé, DE FRESNES.

CHARLES, PAR LA GRACE DE DIEU, Roy de France ; Sçavoir faisons : A tous présens & advenir, Nous avoir receu l'humble supplication des Marchands Merciers, Estaliers, & Comporteurs de nostre bonne Ville & Banlieue de Paris, consors en cette partie, contenant : Que jaçoit que lesdits Supplians de raison, & selon les anciens usages de leur mestier & marchandise, puissent, & leur loise, vendre & exposer en vente toutes denrées & marchandises appartenans au faict de Mercerie, pourveu toutesfois qu'icelles denrées & marchandises soient veues & diligemment visitées par les quatre Merciers Jurés de leurdit mestier & marchandises de Mercerie, ausquels par raison la connoissance & visitation en appartient, & doit appar- *Janvier 1412.*

tenir & non à autres quels qu'ils ſoient. Ce nonobſtant les Jurez, ou Gardes des meſtiers de Ganterie, Bourſerie, Taſſetterie, Courroyerie, Aumuſſerie, Couſtellerie, Gaignerie, Eſguilletterie, Eſpinglerie, Peintrerie, Lormerie, & autres de leur authorité ſinguliere, ou autrement indeuement, ſous ombre d'aucuns Statuts ou Regiſtres par eux faits à leur poſte & plaiſir, & ſans à ce avoir appellé aucuns deſdits Merciers, ſe ſont par long-temps ingerés, & encore de jour en jour s'ingerent de voir & viſiter les denrées deſdits Supplians, & de ce ont joui & uſé (par la ſimpleſſe & ignorance d'iceux Supplians) par long-tems, au très-grand préjudice & dommage deſdits Supplians, meſmement qu'à cauſe de tant de viſitations, & à proprement parler, vexations. Pluſieurs Marchands forains ont délaiſſé & délaiſſent de jour en jour, d'apporter ou envoyer leurs denrées & marchandiſes, appartenans audit faict de Mercerie, en noſtredite ville de Paris, qui eſt & doit eſtre la plus franche & notable de tout noſtre Royaume, en aſſervant & voulant aſſervir icelle, outre noſtre gré & volonté, & au très grand grief, préjudice, & dommage de Nous, du bien de la choſe publique & deſdits Supplians, & plus pourroit eſtre au temps advenir, ſe par Nous n'eſtoit ſur ce pourveu de noſtre gracieux & convenable remede, ſi comme dient iceux Supplians, en Nous requerant icelui. POURQUOY Nous, ces choſes conſiderées. & eu ſur ce grand eſgard au bien & profit de la choſe publique, voulant éviter tous débats, & des tors qui pour cauſe & occaſion de ce ſe pourroient ensuivre, & à ce que paix & bon amour se puisse nourrir entre iceux desdits mestiers, & lesdits Supplians relever des oppressions qu'ils ont, tant à cause des visitations desdits mestiers : Considerans qu'il doit bien suffire que les Jurez, ou Gardes desdits mestiers, ayent visitation sur ceux de leursdits mestiers, ainsi qu'il appartient à un chacun d'iceux mestiers, sans avoir aucune autre visitation sur autres mestiers, attendu aussi qu'au faict du mestier de Mercerie, a, comme dit est, quatre preud'hommes Jurez esleuz par ceux dudit mestier : Avons voulu, déclaré & ordonné, voulons déclarons & ordonnons, de nostre certaine science, & grace spéciale par ces présentes, que lesdits Supplians puissent avoir, tenir & vendre, ou faire vendre doresnavant, toutes denrées de Mercerie, appattenant au faict de marchandise de Mercerie, soient Gans, Bourses, Tasses, Courroyes, Aumusses, Cousteaux, Gaines, Esguilles, Espingles, Images peintes, Esperons, Mors à cheval, & quelconques autres choses appartenant au faict de Lormerie, pourveu toutesfois qu'icelles denrées & marchandises soient bien faites & ouvrées, & de bonnes estoffes, & (si mestier est) visitées par lesdits quatre Jurez, sur ledit mestier de Mercerie, ou aucun d'eux, sans ce que doresnavant iceux Gantiers, Boursiers, Tassetiers, Courroyers, Aumussiers, Cousteliers, Gainiers, Esguilletiers, Espingliers, Peintres, Lormiers, Jurez ou Gardes d'iceux onze mestiers, ne autres quelconques, soient en rien tenus de faire, ne avoir aucune visitation sur les denrées & marchandises que lesdits Supplians pourront avoir en leurs hostels ou étaux, en quelque maniere que ce soit, ou puisse estre, ores, ou pour le tems advenir, puisqu'elles sont une fois en leur puissance & seigneurie, & qu'elles peuvent bien avoir esté visitées ès hostels d'iceux ouvriers qui les ont faites ou vendues par les Jurez ou Gardes de leursdits mestiers. SI DONNONS en mandement, par ces présentes à nos amés & féaux Gens tenans & qui tiendront nostre Parlement à Paris, aux Prevost de Paris & des Marchands & Eschevins de nostredite ville de Paris, & à tous nos autres Justiciers & Officiers présens & advenir, ou à leurs Lieutenans, & à chacun d'eux, si comme à luy appartiendra: Que de nostredite Grace, Déclaration & Ordonnances, facent, souffrent, & laissent lesdits Supplians jouir & user, pleinement & paisiblement, nonobstant lesdits Statuts & Ordonnances desdits onze mestiers; Que Nous ne voulons, au regard desdits Supplians, ne en leur préjudice, avoir lieu, ne sortir aucun effet, sans pour ce plus les molester, travailler, ne empescher, ne souffrir être travaillés, molestés ou empeschés en aucune maniere au contraire : mais si aucunes de leursdites denrées & marchandises, ou autres biens quelsconques estoient, ou sont pour ce, pris, saisis, levés, arrestés, ou autrement empeschés, leur mettent, ou fassent mettre tantost, & sans delay à pleine délivrance. Et sur ce imposons silence perpetuel à nostre Procureur, & à tous autres : Et afin que ce soit ferme chose & stable à tousiours,

Nous avons fait mettre notre Scel à ces présentes. Donné à Paris au mois de Janvier, l'an de Grace mil quatre cens & douze, Et de notre Regne le trente-troisiesme. Signé sur le reply. Par le Roy en son Conseil. Auquel Messieurs les Ducs de Berry & de Bourgogne, le Grand Maistre d'Hostel, Messire Antoine de Craon, & plusieurs autres estoient, BOMBART, avec paraphe. Et à costé *Visa* : Et au bas est escrit, *Contentor*. Et Signé, FRERON, avec paraphe. Et scellé du grand Scel de cire verte, sur lacs de soye rouge & verte.

ORDONNANCE
DU ROY
CHARLES IX.

Servant de Statut aux Marchands Merciers, Grossiers, Jouailliers de cette ville de Paris.

Fevrier 1567. CHARLES, PAR LA GRACE DE DIEU, ROY DE FRANCE; Sçavoir faisons à tous présens & advenir: Nous avoir receu l'humble supplication de nos chers & bien-aymés, les Maistres & Gardes de la Communauté de la marchandise de Mercerie, Grosserie & Jouaillerie de nostre bonne ville de Paris: Contenant, Que par nos Prédecesseurs Rois d'heureuse & louable mémoire (que Dieu absolve). Pour la Police, conduite & entretenement du faict & trafic de ladite marchandise, leur ont été dès long-tems concedés & octroyés, & successivement continués & confirmés jusqu'à nostre advenement à la Couronne, plusieurs beaux Statuts & Ordonnances politiques, à plein contenus & déclarés par les Lettres de Chartres de nosdits Prédeceſſeurs. Et que pour oſter les fraudes & abus qui ſe pourroient commettre à l'advenir au faict de ladite marchandiſe, leſdits Suppliants Nous auroient, & à noſtre Conſeil privé, dès le dixieſme jour de Septembre mil cinq cens ſoixante - quatre, préſenté Requeſte avec certains Articles. Pour iceux eſmologuer, confirmer & adjouſter à leurſdits anciens Statuts & Ordonnances. Laquelle par nos Lettres patentes dudit jour, Nous aurions renvoyée avec leſdits Articles y attachés ſous notre contre-Scel, à notre Prevoſt de Paris ou ſon Lieutenant, pour (appellé noſtre Procureur & autres qui pour ce ſeroient à appeller) Nous donner & envoyer leur advis ſur le contenu eſdits Articles, pour iceluy veu, pourvoir auſdits Suppliants ainſi que de raiſon. Ce qu'il auroit depuis fait; & le tout renvoyé pardevers Nous avec ſondit advis. Lequel après avoir fait voir en noſtredit Privé Conſeil, Nous aurions par autres nos Lettres patentes du onzieſme jour de May dernier mil cinq cens ſoixante-ſix, avec leſdits Articles auſſi y attachés ſous noſtredit contre-ſcel, renvoyé à nos amés & féaux Advocats & Procureurs Généraux en noſtre Cour de Parlement à Paris, pour veoir iceux, & ſur ce nous donner leur advis. Pour icelui veu, eſtre pourveus auſdits Suppliants ſur le contenu eſdits Articles, ainſi qu'il appartiendroit & verrions eſtre à faire par raiſon. Ce qu'ils auroient ſemblablement depuis fait, & le tout renvoyé pardevers Nous. Lequel veu en noſtredit Privé Conſeil, (& auparavant que de pourveoir auſdits Supplians.) Nous aurions par noſtre Arreſt du premier jour du mois d'Aouſt audit an mil cinq cens ſoixante-ſix. Le tout renvoyé à nos très-chers & bien amés les Prevoſt des Marchands & Eſchevins de noſtredite ville de Paris, (pour appeller & ouir quelques notables Marchands Forains, nous donner & envoyer leur advis par eſcript, ſur le contenu eſdites Requeſtes & Articles) ce qu'ils ont auſſi depuis deuement fait. Et le tout renvoyé pardevers Nous avec leurdit advis.

Pour ce eſt-il, Que nous voulant bien & favorablement traiter leſdits Supplians, & iceux non-ſeulement conſerver & garder en leurſdits anciens Statuts & Ordonnances, ainſi que noſdits Prédéceſſeurs Rois ont fait : mais auſſi pour le bien, utilité & commodité de la choſe publique, police & entretenement du faict & trafic de ladite marchandiſe, leur en donner & octroyer d'autres, & éviter qu'à l'advenir il ne s'y puiſſe commettre aucun abus. Et après qu'avons fait voir par les gens de noſtredit Conſeil Privé, leſdites Requeſtes, Articles, Lettres patentes & advis cy-attachés ſous noſtre contre-ſcel. Et par meure délibération d'icelui, avons dit, déclaré & ordonné, & de notre grace ſpéciale, pleine puiſſance & authorité Royale : Diſons, déclarons & ordonnons, voulons & nous plaît :

ARTICLE PREMIER.

Que leſdits Gardes de ladite marchandiſe de Groſſerie, Mercerie & Jouaillerie des ſuſdits, Ne pourront donner Lettres de Maiſtriſes en cedit Eſtat, ſinon à ceux qui

qui auront fidellement ſervi trois ans entiers un Bourgeois de noſtredite ville de Paris, Maiſtre dudit Eſtat, & aux fils deſdits Maiſtres, ſur peine de nullité deſdites Lettres, & d'amende arbitraire.

II.

Sera auſdits Bourgeois Maiſtres dudit Eſtat, & non à autres, permis de vendre & diſtribuer en icelle, toutes ſortes & eſpeces de marchandiſes, non prohibées par les anciens Statuts & Ordonnances dudit Eſtat.

III.

Et ſera deffendu aux Forains & autres Bourgeois qui ne ſont receus Maiſtres dudit Eſtat, & qui n'ont Lettre de Mercerie, de vendre, diſtribuer aucunes de leurs marchandiſes en noſtredite ville, ſinon aux temps ordinaires des Foires, qui ſont celles de Saint Denys, Saint Germain & du Landy.

IV.

Et pour mettre hors d'intérêt iceux Forains, & autres Bourgeois non receus Maiſtres, & qui n'ont Lettres de Mercerie, hors leſdites Foires, & en tout temps, il leur ſera loiſible d'amener en noſtredite ville de Paris, toutes ſortes de marchandiſes concernant ledit Eſtat : A la charge toutesfois qu'icelles arrivées, les voituriers tant par eau que par terre, ſeront contraints les faire deſcendre au lieu public & déſigné par leſdits Maîtres & Gardes, auſquels, ou à l'un d'iceux, leſdits voituriers ſeront tenus de montrer & exhiber leurs Lettres de voiture, pour être leſdites marchandiſes par eux viſitées, & celles qui pourront porter ſcel, être ſcellées ou marquées, vingt-quatre heures après l'arrivage & descente d'icelles. Et pour ladite visitation faite, en cas de défectuosité, & que lesdites marchandises se trouvassent non loyales ny marchandes, en interdire & deffendre la vente, sur peine de confiscation, & des amendes portées par les anciennes Ordonnances dudit Estat.

V.

Que advenant lesdites Foires, lesdits Foirains & autres Bourgeois non receus Maistres, & qui n'ont Lettres de Mercerie, pourront retirer dudit lieu public & designé, leursdites marchandises ainsi visitées huict jours devant lesdites Foires, en payant ausdits Maistres & Gardes un denier tournois, pour chacune livre tournois, tant pour la visitation que garde, de laquelle lesdits Maistres & Gardes seront responsables, & contraints à la restitution d'icelles.

VI.

Et sera permis ausdits Forains & autres Bourgeois non receus Maistres, & qui n'ont Lettres de Mercerie dudit Estat, de vendre & distribuer leursdites marchandises durant lesdites Foires, & huict jours après icelles en gros, & non en détail. Aussi lesdits huict jours passez, seront tenus faire remballer & empacqueter le surplus desdites marchandises, & icelles rapporter audit lieu public & designé, pour être vendues aux autres Foires suivantes, ou bien les renvoyer où bon leur semblera, sans aucunement en disposer par eux en ladite Ville hors Foire, sur lesdites peines de confiscation, & d'amende arbitraire.

VII.

Que en cet Estat & Communauté de Grossier, Mercier & Jouaillier, comme en tous les autres Corps & Communautez de nostredite Ville, y sera estably un lieu public, pour la reception, conservation, visitation & restitution desdites marchandises.

VIII.

Que toutes les deffenses cy-dessus, seront tousjours publiées, & reïterées au temps des Foires, aux lieux des Foires, en la Ville & sur les ports, afin que les Voituriers tant par eau que par terre, n'en puissent prétendre cause d'ignorance, sur peine aux Voituriers contrevenans à icelles, de confiscation de leurs chevaux & batteaux.

IX.

Ne pourront lesdits Gardes permettre à aucun desdits estrangers faire en nostredite Ville de Paris Estat de Couratier, ni recevoir en cette charge autres que ceux qu'ils connoistront pour gens de bien & suffisans, pour respondre des fautes & larcins, si aucuns sont commis.

X.

Ne pourront aussi lesdits Couratiers faire en leur nom, ny pour autruy, aucun estat de marchandise, si celuy pour lequel ils vendront n'est Bourgeois & Maistre dudit Estat de nostredite Ville de Paris, & ce pour éviter aux abus & monopoles qu'ils pourroient faire & commettre avec les estrangers.

XI.

Et d'autant que pour la nécessité des affaires, il est

befoin faire affemblée d'aucuns dudit Eftat: ceux dudit Eftat qui auront efté appellez, & defaudront à fe trouver au jour, lieu & heure defignez, feront condamnez en vingt fols parifis d'amende, finon qu'ils foient legitimement excufez.

XII.

Que ce qui fera accordé & ordonné aufdites affemblées, par les anciens Gardes de ladite marchandife, appellez avec eux, quarante ou cinquante des plus notables dudit Eftat, fera obfervé par les autres, à peine d'amende arbitraire.

XIII.

Et que les Merciers de noftre Palais à Paris, feront tenus, pour fournir aux frais qu'il conviendra faire pour plufieurs affaires qui furviennent ordinairement pour la vifitation des marchandifes, & pourfuites des procez qui en furviennent, contribuer chacun la fomme de dix fous parifis, ainfi qu'ils font tenus par les anciennes Ordonnances dudit Eftat.

XIV.

SI donnons en mandement par ces mefmes prefentes, à nos amez & feaux les Gens tenans noftre Cour de Parlement à Paris, Prevoft dudit lieu, & defdits Marchands & Efchevins, & à tous nos autres Jufticiers, Officiers, ou leurs Lieutenans, & chacun d'eux fi comme à luy appartiendra : Que nos prefentes Declarations, vouloir & intention, ils entretiennent, gardent & obfervent, facent entretenir, garder & obferver inviolablement de poinct en poinct, lire, publier & enregiftrer, & du contenu cy-dessus facent, souffrent & laissent jouyr & user lesdits Supplians, & leurs successeurs audit Estat de Garde de ladite marchandise de Grosserie, Mercerie & Joüaillerie, plainement, paisiblement & perpetuellement, sans y contrevenir, ne innover aucune chose au contraire, & à ce faire, souffrir & obeyr, contraignent, ou facent contraindre tous ceux qu'il appartiendra, & qui pour ce seront à contraindre par les voyes que de raison. Le tout nonobstant oppositions, ou appellations quelsconques, pour lesquelles & sans prejudice d'icelles ne voulons estre differé : Car tel est nostre plaisir, nonobstant aussi quelsconques Edicts, Privileges, Statuts, Arrests, Jugemens, Sentences, Mandemens, Deffenses & Lettres impetrées ou à impetrer à ce contraire : Et pour ce que de cesdites presentes l'on pourra avoir affaire en plusieurs & divers lieux, Nous voulons qu'au *Vidimus*, deuement collationné, foy y soit adjoustée comme à ce present Original, auquel & afin que ce soit chose ferme & stable à tousiours, Nous avons fait mettre nostre seel, sauf en autres choses nostre droict, & l'autruy en toutes. Donné à Paris au mois de Fevrier, l'an de grace mil cinq cens soixante-sept. Et de nostre Regne le septiesme. Ainsi signé, BOUCHER, Et plus bas, Par le Roy en son Conseil, DE L'AUBESPINE. Et à costé, *Visa* : Et plus bas est escript, *Contentor*. Signé, LE RAGOIS. Et scellé de cire verte sur lacs de soye rouge & verte. Plus au dos est escript :

Leües, publiées & enregistrées, Oüy & ce consentant

D iij

le Procureur General du Roy, pour jouyr par les Impetrans de l'effet & contenu esdites Lettres, selon leur forme & teneur. A Paris en Parlement, le deuxiesme jour de May l'an 1567. *Signé* DU TILLET. *Plus bas est encore escript :*

Leues, publiées & enregistrées, Oüy & ce consentant le Procureur du Roy, pour jouyr par les Impetrans de l'effet & contenu, selon leur forme & teneur, hormis les mecaniques. Fait au Chastelet de Paris le Mercredy sixiesme d'Aoust, l'an 1567. *Signé* DE BILLON & BARBEDOR. *Plus est encores escript :*

Enregistrées au septiesme volume des Bannieres. Registre ordinaire du Chastelet de Paris, ès 158. 159. 160. 161. 162. *fueillets dudit Registre. Signé* REMY. *Et au dessous & en la page suivante sont encore escripts.*

Les presentes ont été leuës & publiées à son de Trompe & cry publique, ès lieux & places cy-aprés declarez, à sçavoir, au port de l'Escolle sainct Germain de l'Auxerrois, aux Halles, devant l'Eglise sainct Jacques de l'Hospital, à l'apport de Paris, place de Greve, au carrefour sainct Severin & place Maubert à Paris, par moy Pasquier Rossignol, Sergent, Crieur pour le Roy ès Ville, Prevosté & Vicomté de Paris, accompagné de Michel Noiret, commis par le Roy pour Trompette esdits lieux, & de deux autres Trompettes, le Samedy 30. *jour d'Aoust l'an* 1567. *Signé* ROSSIGNOL.

Leuës, publiées & enregistrées au Bureau de ladite Ville de Paris, Oüy & ce consentant le Procureur du Roy,

& d'icelle, le vingt-quatrie∫me jour de Septembre 1567. *Signé* BACHELIER.

Leuës & publiées à ∫on de Trompe & cry public, par les carrefours de la Foire du Landy, tenant en la Ville ∫ainct Denis en France, & encores ès places de Greve devant l'Ho∫tel de la Ville de Paris, & au port de l'E∫colle ∫ainct Germain de l'Auxerrois, par moy Crieur du Roy, accompagné dudit Noiret, le Mercredy ∫ezie∫me jour de Juin, l'an 1568. *Signé* ROSSIGNOL.

Les Ordonnances contenuës au pre∫ent cayer de parchemin, ont e∫té leues, publiées & enregi∫trées ès Regi∫tres du Bailliage du Palais, Oüy ce requerant & con∫entant le Procureur du Roy audit Bailliage, dont Mai∫tre François Delaroche Procureur des Mai∫tres & Gardes de la marchandi∫e de Gro∫∫erie, de Mercerie & Joüaillerie, a∫∫i∫té de Cantien de Lai∫tre, Louis Bobie, Remond Bourgeois, & André de Sainction, quatre de∫dits Mai∫tres & Gardes ont requis avoir Lettres, au∫quels avons octroyé ces pre∫entes pour leur ∫ervir & valoir, ce que de rai∫on, le ∫ezie∫me jour de Septembre, l'an 1569.

Signé CHARRUAU.

Regi∫trées ∫emblablement en la Chambre des Comptes, Oüy & ce con∫entant le Procureur General du Roy, pour joüyr par les Impetrans de l'effet d'celles, ain∫i qu'ils en ont cy-devant bien & deuement joüy & u∫é. Le 30. *jour de Decembre, l'an* 1577. *Signé* DE LA FONTAINE, *∫emblablement e∫t au∫∫i e∫cript.*

Regiſtrées en la Cour des Aydes à Paris, Oüy le Procureur General du Roy, ſuivant l'Arreſt d'icelle. Donné ce jourd'huy quinzieſme jour de Fevrier, l'an 1578. *Signé* DE BEAUVAIS. *Et au deſſous eſt auſſi eſcript.*

Octobre 1570. CHARLES, PAR LA GRACE DE DIEU, Roy de France. A tous ceux qui ces preſentes Lettres verront, Salut. Comme pour l'affluance & multitude des habitans & autres qui arrivent de toutes parts, & ſejournent en noſtre bonne Ville de Paris, acheptans & fourniſſans en ce lieu, quaſi de toutes choſes dont ils ont affaires : Il n'y ait ſi petite eſpece de marchandiſe, ou de manufacture qui ne ſoit plus que ſuffiſante pour entretenir opulemment celuy qui s'en entremet & ſa ſuite. Il s'en eſt enſuivy telle diverſité de tous Eſtats & Meſtiers du tout diſtincts & ſeparez par diverſes Ordonnances & Statuts de tout temps obſervez, & par nos Predeceſſeurs de long-temps approuvez, confirmez & authoriſez, que peu de gens ſe peuvent trouver en ladite Ville, qui ſe mêlent de faire vendre ou débiter diverſes eſpeces de marchandiſes, ce qui eſt cauſe que peu de Marchands manouvriers de ladite Ville peuvent faire train & trafic de marchandiſes en pays loingtains, ne pouvans ſauver les frais de leurs achapts & voyage ſur une ſeule eſpece de marchandiſe, de laquelle il leur eſt ſeulement permis de faire trafic, ce qui a été cauſe, qu'afin qu'en noſtredite Ville il y euſt des Marchands qui peuſſent faire venir de toutes eſpeces de marchandiſes, voire

voire des pays plus loingtains & de toutes les parts du monde : il y a eu de tout temps & ancienneté un Estat de Marchands Grossiers, Merciers & Joüailliers establis en nostre Ville de Paris, ausquels il est loisible & permis d'achepter en quelques pays que ce soit, & vendre & debiter en nostredite Ville, soit en gros ou en detail quelque espece de marchandise que ce soit, afin qu'allans en un pays, & n'y trouvans bien souvent des especes de marchandises qu'ils y veulent & entendent achepter, ils en puissent librement achepter d'autres, & de tant d'especes qu'ils adviseroient pour bien-tôt en avoir depesche, y faire gains raisonnables : de maniere que sous cet Estat de Grossier, ont été compris de tous temps, les Marchands de draps d'Or, d'Argent, de Soye, de Camelots, Ostades, demy-Ostades, Sarges, Fustaines, Toilles, Laines, Pastel, Tapisseries, Joüailleries, Espiceries, Merceries, Cuivre de Lorges, Fil de soye, Quinquailleries, & autres semblables, ausquels il n'est permis de faire manufacture quelconque, mais seulement de vendre, achepter, estaller, parer & enjoliver de toutes especes de marchanises, pour raison desquelles si lesdits Marchands Grossiers, Merciers, Joüailliers estoient subjets à la visitation de tous les Jurez des Estats & Mestiers de nostredite Ville de Paris, sous ombre qu'ils vendent de la marchandise ou manufacture appartenant à l'Estat ou Mestier duquel ils sont Jurez, ils n'auroient jamais autres choses que Jurez en leurs maisons, lesquels d'ailleurs prendroient plaisir à rejetter & rebutter leurs marchandises pour l'envie qu'ils leur portent, les voyans vendre de leurs marchandises ou manufactures, au moyen dequoy il a esté de tout temps observé que lesdits Grossiers, Marchands de draps d'Or, d'Argent & de Soye, Camelots, Ostades, Sarges, Toilles, Tapisseries, Joüailliere & Mercerie, qui sont tous compris sous un mesme Estat, & regis par mesmes Ordonnances & Statuts, ne seroient sujets à autre visitation que des Maistres Gardes & Jurez de leur Estat, sans que les Jurez des autres Estats ou Mestiers l'ayent jamais peu & deu entreprendre, comme il a esté mesmement ordonné par Lettres patentes du Roy Charles VI. l'un de nos Predecesseurs. Données à Paris au mois de Janvier mil quatre cens douze, Enregistrées au Greffe du Chastelet de Paris, comme aussi il a été jugé par vingt-deux tant Sentences, qu'Arrests, cy-attachez sous nostre contre-Scel, donnez contre les Chappelliers, Bonnetiers, Aumussiers, Mitanniers, Fourbisseurs, Cordiers, Boursiers, Espiciers, Apoticquaires, Gantiers, Esguillettiers, Coustelliers, Cloustiers, Selliers, Taillandiers, Imagers, Peintres, & autres qui ont voulu entreprendre visitation sur lesdits Grossiers & consorts: Et combien que telle maniere de vivre, de longtemps observée en nostredite Ville de Paris, introduite tant par anciens Statuts que modernes, deuëment approuvez par les Edicts de nos Predecesseurs, & jugez par tant de divers Jugemens & Arrests, ne se puisse revoquer en doute. Ce neantmoins plusieurs desdits Estats & Mestiers, envieux de ce que lesdits Grossiers & consorts acheptent & font venir marchandises de toutes parts bonnes & loyalles, qu'ils vendent ordinairement à trop meilleur prix que les autres, veulent par une certaine conſpiration entreprendre ledit droict de viſitation, les travaillant par multiplicité de procez, ce que nous ont fait entendre les Maiſtres & Gardes de la marchandiſe de Mercerie, Groſſerie & Joüaillerie d'icelle Ville, & ſur ce ſupplié leur vouloir declarer nos vouloir & intention. A CES CAUSES, deſirans les Ordonnances & Statuts faits ſur ladite marchandiſe de Mercerie, groſſerie & Joüaillerie de noſtredite Ville, enſemble la forme & maniere de laquelle ils ont de tout temps uſé, ſur laquelle ſont intervenus tant de Jugemens, eſtre inviolablement gardez & obſervez : Après avoir fait voir en noſtre Conſeil Privé les Chartres, Statuts & Ordonnances de nos Predeceſſeurs, ayeul, Pere & Frere, & de Nous publiez & enregiſtrez en noſtredite Cour de Parlement, & ailleurs où il appartient, l'information ſur ce faite, & advis donnez par nos Advocats & Procureurs Generaux, Prevoſts des Marchands & Eſchevins de noſtredite Ville, Prevoſt de Paris ou ſes Lieutenans, enſemble les Arreſts de noſtredite Cour de Parlement, & autres pieces y attachées ſous noſtre contre-Scel, de l'advis de noſtredit Conſeil. AVONS DIT, declaré & ordonné, & de nos certaine ſcience, pleine puiſſance & authorité Royalle : Diſons, declarons & ordonnons, Voulons & nous plaiſt : Que doreſnavant leſdits Maiſtres Marchands Merciers, Groſſiers & Joüailliers de noſtredite Ville de Paris, facent & conduiſent le train & faict de marchandiſe, bien & loyaument, ſoit en gros ou en deſtail, ſans que pour ce, la marchandiſe de Mercerie, Groſſerie & Joüaillerie qui ſera en leur poſſeſſion, en leurs maiſons, magaſins & boutiques, ou en chemin pour y être conduite, ſoit aucunement viſitée, priſe, ſaiſie, ou arreſtée par aucuns Maiſtres des Meſtiers de noſtredite Ville, en quelque maniere que ce ſoit, encore que la marchandiſe ſoit de leur Eſtat, manufacture ou autrement. Enjoignant très-expreſſément aux Maiſtres & Gardes de ladite marchandiſe de Mercerie, Groſſerie, & Joüaillerie, d'en faire la viſitation & rapports, comme il appartient, & ont accouſtumé : n'entendons toutesfois par ce déroger ny préjudicier aux viſitations qu'ont accouſtumé, & ſont tenus faire les Maiſtres des autres Eſtats & Meſtiers, qui ſeront Jurez, ſur les Maiſtres de leurs Meſtiers, ſans aucune faute ny abus, à ce que tout ce qui ſera vendu & debité ſoit loyal & marchand, & ſi pour ce regard y a procez à mouvoir : Voulons que la preſente Déclaration & tout le contenu cy-deſſus, y ſoit entierement gardé & obſervé, ſuivant leſdits Jugemens & Arreſts, & les differends jugez & terminez par appel de noſtre Prevoſt de Paris (ſi aucun y en a) en noſtre Grand' Chambre de plaidoyé, en noſtredite Cour de Parlement de Paris, attendu qu'il eſt queſtion de faict de police, ou autremunt renvoyé en telle Chambre des Enqueſtes, qu'ils adviſeront bon eſtre. SI DONNONS EN MANDEMENT, A nos amez & feaux Conſeillers tenans notre Cour de Parlement à Paris, Prevoſt dudit lieu, & à tous nos autres Juges & Officiers, que ces preſentes nos Declarations, vouloir & intention, ils facent lire, publier & enregistrer, garder & observer de poinct en poinct selon leur forme & teneur, & d'iceux, ensemble de tous leurs Privileges, Statuts & Ordonnances, & de l'effect & contenu cy-dessus, jouyr & user plainement & paisiblement lesdits Maistres & Gardes de ladite marchandise de Mercerie, Grosserie & Joüaillerie, sans souffrir qu'il leur soit fait, mis ou donné, ores ny pour le temps advenir, aucun trouble ou empeschement, Contraignant à ce faire & souffrir tous ceux qu'il appartiendra, par toutes voyes & manieres deuës & raisonnables, nonobstant oppositions ou appellations quelconques & Lettres à ce contraires : En tesmoin dequoy nous avons fait mettre nostre scel à ces presentes. Donné à Paris le neufiesme jour d'Octobre, l'an de grace mil cinq cens soixante-dix, & de notre Regne le dixiéme. *Et plus bas à côté est écrit.* Ordonné au Conseil du Roy tenu à Paris le 9. Octobre 1570. Signé, DE MESMES. Avec paraphe. Et sur le reply, Par le Roy en son Conseil, DOLU. Avec paraphe. Et scellées du grand sceau de cire jaune. Et à costé sur ledit reply.

Registré, Ouy le Procureur General du Roy, aux charges portées par l'Arrest de ce jour. A Paris en Parlement le vingtiesme jour de Janvier, l'an 1571. *Signé, BUDE. Avec paraphe.*

Et au dos desdites Lettres est escript ce qui ensuit :

Leues & publiées en jugement au Parc Civil du Chastelet de Paris, ensemble l'Arrest de la Cour de Parlement du vingtiesme Janvier dernier, & ordonné estre enregiſtrées ès Regiſtres dudit Chaſtelet, pour en jouyr par les Impetrans d'icelle, aux charges portées par ledit Arreſt, en préſence & du conſentement du Procureur du Roy en icelui Chaſtelet, & ce requerant par Maiſtre Jean de Villemard Procureur des Maiſtres & Gardes de la marchandiſe de Mercerie, Groſſerie & Joüaillerie de cette Ville de Paris, le Mercredy ſeptieſme jour de Mars mil cinq cens ſeptante-un. Signé, DROUART. Avec paraphe.

Et à coſté eſt eſcript :

Enregiſtrées en la Chambre du Procureur du Roy au Chaſtelet de Paris, au ſecond cayer neuf, le Lundy treizieſme jour d'Aouſt, l'an mil cinq cens ſeptante-un.

Et enſuivant eſt encores eſcript :

Leues & publiées à ſon de Trompe & cry public, au devant les Fontaines des ſaincts Innocens, du Sepulchre, Sainct Jacques de l'Hoſpital, des Filles-Dieu, le Ponceau, au bout du Pont Noſtre-Dame, devant ſainct Denis de la Chartre, devant l'Hoſtel-Dieu, & par les carrefours & places accouſtumées à faire cris & publications, par moy Paſquier Roſſignol, Crieur Juré du Roy noſtre Sire, ès Ville, Prevoſté & Vicomté de Paris, accompagné de Guillaume Boucher, François Mareſchal, & autres Trompettes Jurez dudit Sieur, & de deux autres Trompettes, avec certaine Ordonnance du douzieſme Octobre mil cinq cens ſoixante-cinq, le Samedy premier jour de Septembre, l'an mil cinq cens ſeptante-un, ſuivant les Requeſtes à cette fin preſentées le vingt-ſeptieſme jour d'Aouſt dernier.

Signé, ROSSIGNOL. Avec paraphe.

EXTRAIT DES REGISTRES *de Parlement.*

20 *Janvier* 1571.

VEuës par la Cour, les Lettres patentes du Roy, données à Paris le neufiesme jour d'Octobre mil cinq cens septante dernier passé, Signées sur le reply, Par le Roy en son Conseil, DOLU. Par lesquelles pour les causes y contenuës, Ledit Seigneur Dit, declare, veut & ordonne, que doresnavant les Maistres Marchands Merciers, Grossiers & Joüailliers de cette Ville de Paris, facent & conduisent le train, & faict de marchandise bien & loyaument, soit en gros, ou en destail, sans que pour ce la marchandise de Mercerie, Grosserie & Joüaillerie qui seroit en leur possession en leurs maisons, magasins & boutiques, ou en chemin, pour y estre conduite, soit aucunement visitée, prise, saisie ou arrestée par aucuns Maistres des Mestiers de cettedite Ville, en quelque maniere que ce soit, encores que la marchandise fust de leur Estat, manufacture ou autrement : Enjoignant très-expressément aux Maistres & Gardes de ladite marchandise de Mercerie, Grosserie & Joüaillerie, d'en faire la visitation & rapport comme il appartient, & ont accoustumé ; N'entendant toutesfois par ce déroger, ni prejudicier aux visitations qu'ont accoustumé, & sont tenus faire les Maistres des autres Estats & Mestiers, qui seroient Jurez, sur les Maistres de leurs Mestiers, sans aucune faute, ny abus, à ce que tout ce qui ſeroit vendu & debité fuſt loyal & marchand. Et ſi pour ce regard y avoit procez meus, & à mouvoir: Veut ledit Seigneur que la preſente Declaration, & tout le contenu deſdites Lettres ſoit entierement gardé & obſervé, ſuivant les Jugemens & Arreſts y mentionnez. Et les differends jugez & terminez par appel du Prevoſt de Paris, ſi aucun y en avoit en la Grand'Chambre du Plaidoyé de ladite Cour, attendu qu'il eſtoit queſtion du faict de police, ou autrement, renvoyé en telle Chambre qu'ils adviſeroient bon eſtre, comme plus au long le contiennent leſdites Lettres de l'Ordonnance de ladite Cour, communiquées au Procureur General du Roy, Ses Concluſions ſur la Requeſte preſentée par les Maiſtres & Gardes de ladite marchandiſe de Mercerie, Groſſerie & Joüaillerie, tendant à la publication deſdites Lettres: Par leſquelles ledit Procureur General auroit declaré n'empeſcher leſdites Lettres eſtre enregiſtrées, pour en jouyr par les Impetrans, aux charges des Arreſts donnez en la preſente année, entre leſdits Supplians & les Maiſtres Jurez Apotiquaires & Eſpiciers de cettedite Ville. Requeſte preſentée par les Marchands Groſſiers & Merciers de cettedite Ville le vingt-ſeptieſme jour de Novembre audit an mil cinq cens ſeptante dernier, tendant à ce que pour les cauſes y contenuës, l'Arreſt d'icelle Cour du dixieſme jour de Juillet dernier, donné à l'Audiance entr'eux d'une part, & les Apoticaires & Eſpiciers d'autre, leur fuſt delivré, ainſi qu'il avoit eſté prononcé & eſcrit, nonobſtant la Requeſte preſentée par leſdits Apoticaires & Eſpiciers au contraire,

traire, ou en tout évenement, pour éviter à procez, monopoles & abus, qui se pourroient commettre à l'advenir : Que la visitation mentionnée audit Arrest, se feroit des drogues qui entroient au corps humain, par l'un des Docteurs en Medecine, qui seroit esleu par chacun an par le Doyen de la Faculté, appellez avec luy deux des Maistres Grossiers, Merciers qui seroient nommez par les Maistres & Gardes de la marchandise de Grosserie & Mercerie, & deux des Maistres Jurez Apoticaires & Espiciers. Autre Requeste aussi presentée par lesdits Maistres & Gardes de ladite marchandise de Mercerie, Grosserie & Joüaillerie, par laquelle (afin que les Apoticaires & Espiciers eussent occasion de se contenter) ils auroient déclaré qu'ils ne vouloient & n'entendoient de leur part visiter lesdits Apoticaires & Espiciers, & accordoient que la marchandise & droguerie, entrant au corps humain, qui se trouveroient en la possession des Maistres Merciers & Grossiers, fust veue & visitée par le Docteur en Medecine, esleu par la Faculté suivant ledit Arrest, appellez avec eux deux des Maistres Merciers & Grossiers, nommez par lesdits Supplians, & des Maistres Apoticaires & Espiciers : Et au surplus requis la vérification & enterinement desdites Lettres, suivant le consentement dudit Procureur General du Roy : Autres Conclusions & consentement d'iceluy Procureur General : Et tout consideré. LADITE COUR a ordonné & ordonne que lesdites Lettres patentes seront enregistrées ès Registres d'icelle : Oüy sur ce le Procureur General du Roy, pour jouyr par les Impetrans de l'effect & contenu en icelles, aux charges que les marchandises & drogues entrans au corps humain, seront veuës & visitées, assistans les Doyen de la Faculté de Medecine, qui pour lors sera, & deux des Docteurs de ladite Faculté, qui à ce seront commis par chacun an, suivant ledit Arrest; Et outre, qu'à ladite visitation assisteront deux Maistres Merciers & Grossiers, & deux Maistres Jurez Apoticaires de cette Ville. Fait en Parlement le vingtiesme jour de Janvier, l'an mil cinq cens septante-un. Signé, DU TILLET, Avec paraphe.

ORDONNANCE
DU ROY
HENRY IV.

Servant de Statut aux Marchands Merciers, Grossiers, Joüailliers de cette Ville de Paris.

HENRY, PAR LA GRACE DE DIEU, ROY DE FRANCE ET DE NAVARRE : A tous présens & advenir, Salut. Les Maistres & Gardes de la marchandise de Grosserie, Mercerie & Joüaillerie de nostre bonne Ville de Paris : Nous ont fait remonstrer que comme nostredite Ville est la Capitale de nostre Royaume, en laquelle pour nostre frequente residence, & de la grande affluance des Princes, Seigneurs, Ambassadeurs & autres personnes de toutes qualitez, il se fait grand débit & consommation des marchandises. Aussi est-il necessaire que les Corps de ladite marchandise soient bien reglez & policez ; & pour cette consideration *Juillet 1601.*

les Roys nos Prédeceſſeurs, ont fait & ordonné plusieurs Statuts & Ordonnances pour le reglement & police deſdites marchandiſes, manufactures, apports ventes, reventes & conditions d'icelles, experience, qualité & reception des perſonnes faiſant trafic, eſtabliſſement des Gardes & Maiſtres, viſitation des marchandiſes, poids, meſures, & generalement pour toute la police neceſſaire, afin d'obvier aux abus & malverſations: Meſmement le Roy Charles VI. dès l'an quatre cens ſept, commanda & ordonna pluſieurs Statuts ſur le fait deſdites marchandiſes, leſquels depuis ont été confirmez & augmentez par trois Lettres Patentes du Roy Henry II. ès années 48. 57. & 58. & encores depuis par le Roy Charles IX. par deux Lettres Patentes en forme de Déclaration, augmentation & confirmation données ès années 67. & 70. & par icelles la marchandiſe de Groſſerie, Mercerie & Joüaillerie a eſté unie en un meſme Corps, lequel contient en ſoy ſix Eſtats de Marchands; Sçavoir le Marchand Groſſier, celuy de draps d'Or, d'Argent & ſoye, celuy d'Oſtades & Serges, le Tapiſſier, le Marchand de menuë Mercerie, & celuy de Joüaillerie: Auſquels Marchands eſt permis achepter & vendre en gros & deſtail en noſtredite Ville, & aux Pays eſtrangers, toutes ſortes de marchandiſes d'Or, d'Argent, Soyes, Oſtades, Sarges de toutes ſortes & façons, Camelots, Burails, Eſtamines, Fuſtaines, Doubleures, Reveſches, Toiles de toutes ſortes ouvrées & non ouvrées, Maroquins, Cuirs de Levant, Chamois, Buffes, Buffetins, & generalement toutes ſortes de Cuirs, Fourrures, Pelleteries, Tapisseries, Coustils, Contrepointes, Couvertures & Castelognes & autres, Franges, Passemens, Rubans, & Boutons d'Or, d'Argent, Soye, & de toutes autres façons, mesme l'Or & l'Argent filé, Soyes creuës & non escreuës, taintes & non taintes, & pareillement toutes sortes de Joüailleries d'Or, Argent, Pierres precieuses, Perles, Joyaux d'Or & Argent, vaisselle d'Or & Argent & d autres métaux, Drogueries, Espiceries, Bresil, Pastel, Cochenilles, Garences & toutes especes de Taintures, Fer, Acier, Cuivres ouvrez & non ouvrez, neufs ou vieils, Mutailles, Armes pour hommes & chevaux, Serrures, Fermetures de coffres & cabinets, Dinanderies, Quinquailleries, Coustelleries, Lames d'espées, Gardes & Garnitures, & de toutes autres sortes de marchandises d'Or, Argent, Cuivre, Fer, Fonte & toutes autres œuvres de forge & fonte, Tableaux, Peintures, & generalement toutes sortes de marchandises, Grosserie, Mercerie & Joüaillerie. Et afin de remettre le trafic en son premier lustre, & réformer les abus qui se sont glissez en la manufacture & débit pendant les troubles & guerres civiles qui ont eu cours en ce Royaume. Ils nous ont humblement requis leur vouloir continuer & confirmer lesdits Statuts, Ordonnances, Reglemens & Privileges faits pour raison de ladite marchandise de Grosserie, Mercerie & Joüaillerie, & pourvoir à la réformation desdits abus & malversations. Pour ce est-il, que nous desirans l'augmentation & accroissement de nostre bonne Ville de Paris, & que les Estats & marchandises soient bien reglez. Nous, de notre certaine ſcience, pleine puiſſance & authorité Royale, Avons continué & confirmé, continuons & confirmons auxdits Maiſtres & Gardes Supplians, leſdits Privileges, Statuts, Ordonnances & Reglemens portez par leſdites Lettres patentes, & articles accordez & donnez par noſdits Predeceſſeurs ès années 1407. 1548. 57. 58. 67. 70. attachez ſous le contre-ſcel des preſentes.

ARTICLE PREMIER.

Conformément auxquelles & en conſequence d'icelles, Nous voulons & ordonnons, que pour la direction deſdits Corps de marchandiſes, & faire obſerver noſdites Ordonnances, ſoient appellez & eſleus aux charges de grands Gardes & autres Gardes, des plus experimentez, bien fameux & notables Marchands, ſans qu'ils puiſſent en eſtre déchargez s'ils ne ſont ſeptuagenaires, ou qu'il y ait quelqu'autre excuſe légitime qu'il y ait lieu de les deſcharger.

II.

A l'eſlection deſquels ſeront appellez des plus anciens & notables Marchands juſques au nombre de ſoixante au moins, leſquels ſeront tenus s'y trouver ſur peine d'un eſcu d'amende applicable aux pauvres, pour en la preſence du Subſtitut du Procureur General en la Prevoſté & Vicomté de Paris, eſtre fait eſlection par chacun an d'un grand Garde & de deux autres Gardes, au lieu des deux anciens du nombre de ſix, leſquels ſortiront de charge; de maniere qu'il y ait touſiours un grand Garde lequel ſera annal, & ſix Gardes qui ſeront triennaux, ſelon qu'il s'eſt obſervé par le paſſé: Sans que pendant le temps de leur exercice ils puiſſent s'abſenter plus de ſix ſemaines, ou eſtre deſchargez, ſinon qu'il y euſt cauſe & excuſe telle qu'apparemment ils ne peuſſent continuer leurs charges.

III.

Leſquels Maiſtres & Gardes ſeront tenus faire frequentes viſitations en noſtredite Ville & Fauxbourgs, Prevoſté & Vicomté de Paris, ou autres lieux où ſe tiennent les Foires durant & hors le temps d'icelles, afin de viſiter & reconnoiſtre les poids & aulnes, enſemble les marchandiſes, qui ſeront ès maiſons & boutiques des Merciers & autres Marchands de noſtredite Ville & Fauxbourgs, Prevoſté & Vicomté de Paris, que pareillement des marchandiſes qui ſeront apportées en icelle Ville par les Marchands Forains & Eſtrangers, & pour cet effect ſe pourront faire aſſiſter d'un de nos Commiſſaires ou Sergent au Chaſtelet, & faire faire ouverture des lieux où ſeront les marchandiſes pour eſtre conduites au Bureau deſdits Marchands, & eſtre viſitées, dont ſeront faits bons procez verbaux, pour eſtre faict rapport à noſtre Prevoſt de Paris, ſans que pour ce faire leſdites viſitations & ouvertures, leſdits Gardes ſoient tenus demander viſa ou pareatis à noſtre Baillif du Palais ou ſon Lieutenant, ni à autres Seigneurs prétendans droict de haute Juſtice en noſtredite Ville, Fauxbourgs, Prevoſté & Vicomté.

IV.

Deffendons aux Maiſtres & Jurez des autres Eſtats & Meſtiers de noſtredite Ville, faire viſitations ſur les Marchands Merciers tenans boutiques, magazins, bancs ou eſchoppes, des marchandiſes, ouvrages & manufactures qui ſeront en leurſdites boutiques & maiſons ou en chemin pour y eſtre amenées & conduites, encore qu'elles fuſſent de la profeſſion ou Eſtat & Meſtier deſdits Jurez : Auſquels pareillement nous avons deffendu & deffendons tenir chambre ou Bureau pour entreprendre la viſitation: Sans toutesfois déroger aux viſitations qu'ils ont accouſtumez de faire aux boutiques & chambres ſur ceux de leurs Arts & meſtiers, à peine de quatre eſcus d'amende pour chacune fois qu'ils entreprendront ladite viſitation. Comme auſſi nous avons deffendu aux Artiſans & gens de meſtier faire trafic & expoſer en vente aucunes marchandiſes qui n'ayent eſté faites & manufacturées par eux ou leurs ſerviteurs en cette Ville de Paris & Fauxbourgs d'icelle.

V.

Tous autres Marchands Eſtrangers & Forains ne pourront vendre ou débiter aucunes marchandiſes, ſinon au temps ordinaire des Foires Sainct Germain, Landy & Saint Denis, en perſonne ou par leurs Commis, hors leſquelles Foires leſdits Marchands Merciers, Groſſiers & Joüailliers ſeuls pourront faire les ventes en gros & deſtail de toutes ſortes de Groſſerie, Mercerie & Joüaillerie, manufactures tant dehors la Ville qu'en icelle, à leurs profits, qu'ils pourront faire faire par les Artiſans & gens de Meſtier de noſtredite Ville & autres; Leſquelles marchandiſes

marchandiſes ils pourront parer, enrichir & enjoliver avec chevilles, eſpart, forces, cizeaux, baſtons & eſguilles.

VI.

Néantmoins les Forains & Eſtrangers, hors le temps des Foires, pourront faire, ſi bon leur ſemble, voiturer en noſtredite Ville, tant par eauë que par terre, leurs marchandiſes, à la charge de les faire deſcendre au Bureau deſdits Marchands déſigné à cet effect, pour y eſtre viſitées & marquées, & payer les droicts accouſtumez, les noſtres premierement acquittez : après laquelle viſitation & marque, ils pourront les vendre en gros, & non autrement, pendant le temps deſdites Foires, huict jours devant & huict après, à peine de confiſcation & amende arbitraire.

VII.

Comme auſſi ſeront tenus iceux Eſtrangers, après la huictaine des Foires, rapporter au Bureau deſdits Marchands, leurs marchandiſes qui reſteront, pour eſtre conſervées juſques aux Foires ſuivantes, ou bien les emporter hors la Ville, ſans en pouvoir diſpoſer ou faire vente par eux ou par autres en ladite Ville & Fauxbourgs, Prevoſté & Vicomté.

VIII.

Et afin qu'aucun ne ſoit admis en ladite Marchandiſe qui n'ait experience requiſe, Nous deffendons aux Maiſtres & Gardes bailler lettres de marchandiſes, & recevoir audit Eſtat aucun qui n'ait ſervi par trois ans continuels, & demeuré actuellement en la maiſon de l'un des

Maistres, & qu'il n'ait esté trouvé capable & presté le serment pardevant nostredit Prevost, ou Substitut de nostre Procureur General, & payé les droicts de lettres & de services deus, tant à Nous qu'à ladite marchandise; par laquelle reception ils seront chargez de droicts & Confrerie, & de mettre un tapis aux portes de leurs boutiques, magazins, eschoppes & bancs en lieux plus apparens.

IX.

Comme aussi nul Marchand ne pourra tenir aucun homme marié pour gaigner franchise.

X.

Pareillement nous avons deffendu & deffendons à tous Marchans faire & contracter association, prester leurs noms ou marques pour le faict desdites marchandises, avec aucun, s'il n'est Marchand & Maistre receu audit Estat, ny de tenir Hostellerie, ou estre Courtier, Commissionaire pour aucun Marchand Estranger ou Forain, à peine de privation dudit Estat & Maistrise. Et si aucun desdits Marchands tenoit à present Hostellerie, Nous voulons que dedans trois mois ils ayent à opter l'une ou l'autre desdites charges & qualitez, autrement le temps passé, seront privez de ladite Maistrise.

XI.

Deffendons aussi à tous Hosteliers de nostredite Ville & Fauxbourgs, exposer en vente aucunes marchandises pour eux ou pour les Marchands Forains & Estrangers, à peine de confiscation & amende, lesquels Hosteliers seront tenus advertir les Marchands Forains & Estrangers logeans en leurs maiſons, qu'ils n'en peuvent vendre en leurſdites Hoſtelleries, & maiſons.

XII.

Et en cas de conntravention à noſdites Ordonnances, leſdits Maiſtres & Gardes ſe pourvoiront pardevant noſtredit Prevoſt: Et en cas d'oppoſition ou appellation verbale, ou ſur procez par eſcrit, ſe pourvoiront en la Grand'Chambre de noſtredit Parlement, & non ailleurs.

XIII.

Tous leſquels Articles, Reglemens & Ordonnances cy-deſſus, & autres portez par leſdites Lettres de nos Prédeceſſeurs, Nous voulons avoir lieu pour en joüir par leſdits Maiſtres & Gardes & Corps deſdits Marchands Groſſiers, Merciers, & Joüailliers, comme ils ont bien & deuëment joüy par le paſſé, uſent & joüiſſent à preſent.

XIV.

SI donnons en mandement par ces preſentes, à nos amez & feaux Conſeillers les Gens tenans noſtredite Cour de Parlement à Paris, Prevoſt dudit lieu, & à tous nos autres Juſticiers ou à leurs Lieutenans preſens & advenir, & à chacun d'eux, ſi comme à eux appartiendra; Que nos preſentes Lettres de confirmation ils facent lire, publier, enregiſtrer & obſerver, & du contenu en icelles joüir leſdits Maiſtres & Gardes & Marchands Groſſiers, Merciers & Joüailliers & leurs ſucceſſeurs, ſans qu'il y ſoit contrevenu ny innové aucune choſe au contraire, nonobſtant tous Edicts, Arreſts & Jugemens & autres Lettres impetrées ou à impetrer: Car tel eſt noſtre plaiſir. Et pource que de ces preſentes l'on pourra avoir affaire en divers lieux, Nous voulons qu'au *Vidimus* d'icelles deuëment collationnée par l'un de nos amez & feaux Conſeillers & Secretaires, foy ſoit adjouſtée comme au preſent Original : Et afin que ce ſoit choſe ferme & ſtable à touſiours, Nous y avons fait mettre noſtre ſcel, ſauf en autre choſe noſtre droict, & l'autruy à toute. DONNÉ à Paris au mois de Juillet, l'an de grace mil ſix cens un, & de noſtre Regne le douzieſme. Signé ſur le reply, Par le Roy en ſon Conſeil, DE NEUFVILLE, Et ſcellé du grand ſceau de cire verte en lacs de ſoye rouge & verte.

Et ſur le reply eſt eſcrit :

Regiſtrées, Oüy le Procureur General du Roy, comme il eſt contenu en l'Arreſt de ce jour à Paris, en la grand'Chambre des Vaccations le unzieſme Septembre l'an mil ſix cens-un. Signé, DU TILLET. *Et plus bas,* Contentor. *DE HUMERY.*

Et au dos eſt eſcrit :

Leu & publié en jugement au Parc Civil du Chaſtelet de Paris, enſemble l'Arreſt de la Cour de Parlement dudit jour unzieſme Septembre mil ſix cens un. Et ordonne eſtre enregiſtré ès Regiſtres dudit Chaſtelet, pour en jouyr par les Impetrans d'icelles aux charges portées par ledit Arreſt, en la preſence & du conſentement du Procureur du Roy audit Chaſtelet, oüy & ce requerans

Maiſtre Claude Hardy Procureur deſdits Maiſtres & Gardes de la marchandiſe de Mercerie, Groſſerie & Joüaillerie de cette Ville de Paris, après que le Roy l'aiſné, Procureur du Corps de la Draperie, a proteſté que la preſente publication ne leur puiſſe nuire ny prejudicier; & que ledit Hardy audit nom, a proteſté au contraire des proteſtations du le Roy, le Samedy ſixieſme jour d'Octobre mil ſix cens un. Signé, DROUART, LE NATTIER & HOUDET.

Et à coſté eſt eſcript :

L'an mil ſix cens un, le Mercredy dix-ſeptieſme jour d'Octobre avant midy, le contenu ès Lettres Patentes eſcrites au blanc de l'autre part, & en vertu de la Permiſſion de Monſieur le Lieutenant Civil : Conſentement de Monſieur le Procureur du Roy au Chaſtelet de Paris, eſtant au bas d'une Requeſte audit Sieur Lieutenant, preſentée le vingt-deuxieſme Septembre audit an mil ſix cens un, Signée, MIRON; Fut leu & publié à ſon de Trompe & cry public, par les carrefours de cette Ville de Paris, au devant les fontaines des Sainćts Innocens, vis-à-vis la rue au Feurre, & au devant de l'Hoſtel-Dieu de cette Ville de Paris, par moy Robert Crevel, Crieur Juré du Roy ès Ville, Prevoſté & Vicomté de Paris, accompagné de Pierre Gilbert & Mathurin Noiret, Trompettes Jurez ordinaires dudit Seigneur eſdits lieux.

Signé, CREVEL.

ORDONNANCE DU ROY LOUYS XIII.

Servant de Statut aux Marchands Merciers, Grossiers, Joüailliers de cette Ville de Paris.

Janvier 1613. LOUYS, PAR LA GRACE DE DIEU, ROY DE FRANCE ET DE NAVARRE: A tous presens & advenir, Salut. Les Maistres & Gardes de la marchandise de Mercerie, Grosserie & Joüaillerie de nostre bonne Ville de Paris: Nous ont fait remonstrer, que comme nostredite Ville est la Capitale de nostre Royaume, en laquelle pour notre frequente résidence, & de la grande affluance des Princes, Seigneurs, Ambassadeurs & autres personnes de toutes qualitez, il se fait grand debit & consommation de marchandises. Aussi est-il nécessaire que les Corps de ladite marchandise soit bien reglé & policé. Et pour éviter aux fraudes &

abus qui pouroient arriver en débitans marchandises défectueuses & non loyales, qu'elles soient bien & deuëment visitées. En consideration dequoy, les Roys nos Predecesseurs ont fait & donné plusieurs Statuts, Privileges & Ordonnances, pour le Reglement & police de leur Corps & desdites marchandises, manufactures, apports, ventes, reventes & conditions d'icelles; experience, qualité & reception des personnes faisans trafic. Establissemens des Maistres & Gardes, visitations des marchandises, poids, mesures, & generalement pour toute la police nécessaire, afin d'obvier ausdits abus & malversations. Mesmement le Roy Charles VI. dès l'an mil quatre cens sept, & l'an mil quatre cens douze, commanda & ordonna plusieurs Statuts sur le faict desdites machandises & visitations, lesquels ont esté depuis confirmez & augmentez par trois Lettres patentes du Roy Henry II. ès années 1548. 1557. & 1558. & encores depuis par deux Lettres patentes en forme de Déclaration, Confirmation & Augmentation du Roy Charles IX. données ès années mil cinq cens soixante-sept & soixante-dix, & par le Roy Henry le Grand d'heureuse mémoire, nostre très-honoré Seigneur & Pere, que Dieu absolve, par ses Lettres Patentes du mois de Juillet mil six cens un, par toutes lesquelles, combien que pour l'utilité publique, & afin que lesdits Marchands allans en un Pays, & n'y trouvant pas bien souvent des especes de marchandises qu'ils y veulent & desirent achepter, ils en peussent librement avoir d'autres, & de tant de sortes qu'ils adviseroient pour bien-tost en avoir dépesches, & y faire gain raisonnable, il leur ait esté permis de faire achapts en tous lieux, & vente en tous temps, tant en gros qu'en destail, indifferemment de toutes sortes de marchandises, de visiter par lesdits Maistres & Gardes, sur toutes personnes, soient Bourgeois, Forains ou Estrangers, lesdites marchandises acheptées ou amenées en cette Ville, Prevosté & Vicomté de Paris, pour y estre vendues; & icelle visitation interdite & défenduë à tous les Maistres & Jurez des autres Estats & Mestiers. Ce néantmoins lesdits Maistres & Gardes, & Marchands de leurs Corps n'ont délaissé & ne délaissent encores journellement d'estre molestez, vexez & travaillez en procez, tant par les Jurez desdits autres Estats & Mestiers, que par autres faisans trafic desdites marchandises, se disans privilegiez suivans notre Cour, les uns pour entreprendre ladite visitation, nonobstant ladite interdiction, les autres pour empescher qu'elle ne se fasse sur leurs marchandises, afin d'en pouvoir librement vendre bonnes & mauvaises, au préjudice du public, autres pour empescher totalement ausdits Marchands Merciers, Grossiers & Joüailliers, la vente d'aucunes marchandises, & de quelques autres, sinon en gros, & par certaines formes d'estallages, & les achapts des autres, sinon hors certaine distance de cette Ville de Paris; pour à quoi obvier, remettre le trafic en son premier lustre, réformer les abus qui se sont glissez en la manufacture & débit des marchandises, ils nous ont très-humblement supplié leur vouloir continuer & confirmer lesdits Statuts, Ordonnances,

Ordonnances, Reglemens, Privileges & possessions anciennes, & pourvoir tant au retranchement des procez & differends qui pouvoient estre meus & intentez contr'eux, pour raisons desdits droicts & privileges, que réformation des abus & malversations qui se commettent journellement en la marchandise.

Pour ce est-il, que Nous desirant l'augmentation & accroissement de nostre bonne Ville de Paris, que les Estats & marchandises soient bien reglez, & tout sujet de plaider pour raison desdites marchandises, achapts, trocs, eschanges, apports, visitations, estallage, ventes & débits d'icelles, osté & retranché.

Avons de nostre certaine science, plaine puissance & authorité Royale, continué & confirmé, continuons & confirmons ausdits Maistres & Gardes Supplians, lesdits Privileges, Statuts, Ordonnances & Reglemens portez par lesdites Lettres Patentes, & Articles accordez, & donnez par nosdits Prédecesseurs esdites années mil quatre cens sept, quatre cens douze, cinq cens quarante-huict, cinquante-sept, cinquante-huict, soixante-sept, soixante-dix, & six cens un, cy-attachez sous nostre contre-scel.

ARTICLE PREMIER.

Conformément ausquels & à plusieurs Arrests, Sentences & Reglement sur le faict de ladite marchandise, en consequence d'iceux, & pour l'utilité publique, Nous voulons & ordonnons que pour la direction dudit Corps de marchandise, & faire obſerver nos Ordonnances, ſoient appellez & eſleus aux charges de grand Garde & autres Gardes des plus experimentez, bien fameux & notables Marchands, ſans qu'ils puiſſent eſtre deſchargez, s'ils ne ſont ſeptuagenaires, ou qu'il y ait quelqu'autre excuſe legitime qui puiſſe donner lieu à ladite deſcharge.

II.

A l'eſlection deſquels ſeront appellez des plus anciens & notables Marchands, juſques au nombre de ſoixante au moins, leſquels ſeront tenus s'y trouver, à peine chacun de ſoixante ſols d'amende, applicable aux pauvres du Corps deſdits Marchands Merciers, pour en la preſence du Subſtitut de noſtre Procureur General en la Prevoſté & Vicomté de Paris, eſtre fait eſlection par chacun an, d'un grand Garde & de deux autres Gardes, au lieu de deux des anciens du nombre de ſix, leſquels ſortiront de charge, de maniere qu'il y ait touſiours un grand Garde, lequel ſera annuel, & ſix Gardes qui ſeront triennaux, ſelon qu'il eſt obſervé par le paſſé, ſans que pendant le tems de leur exercice, ils ſe puiſſent abſenter plus de ſix ſemaines, & eſtre deſchargez, ſinon qu'il y euſt cauſe & excuſe telle qu'apparemment ils ne peuſſent continuer leurs charges.

III.

Auſquels Maiſtres & Gardes, Nous deffendons de bailler Lettres de Maiſtriſes dudit Eſtat, & ne voulons qu'aucun y ſoit receu ni admis, qu'il ne ſoit né François, n'ait eſté Apprentif pour trois ans continuels, & demeuré actuellement en la maiſon de l'un des Maiſtres, ſervi après leſdits trois ans d'apprentiſſage, trois autres années les Maiſtres, & qu'il n'ait eſté trouvé capable par leſdits Maiſtres & Gardes, payé les droits accouſtumez ; & que ce ne ſoit aux charges de faire & preſter le ſerment pardevant noſtre Prevoſt de Paris, ou ſon Lieutenant Civil, ou Subſtitut de noſtre Procureur General, de tenir boutique ouverte, & de mettre un tapis vert ſur ruë, & outre de payer & acquitter tous les ans les droicts anciens & accouſtumez.

IV.

S'il ſe trouve aucuns entreprenans l'exercice dudit Eſtat ſans avoir payé leſdits droicts anciens & ordinaires, ſeront contraints à s'en déſiſter par ſaiſie de leurs marchandiſes, cloſture de leurs boutiques, & par mulcte d'amende de vingt livres pariſis, ou autre plus grande.

V.

Ne pourront les Maiſtres dudit Eſtat, tenir aucun Apprentif qui ſoit marié ou eſtranger pour gagner la franchiſe de Maiſtriſe ; & s'ils font le contraire, ſeront tenus de tous les deſpens, dommages & intéreſts deſdits Mariez ou Eſtrangers, & d'amende arbitraire, ſi n'eſtoit qu'ils monſtraſſent par Actes ſuffiſans, les en avoir adverty dès le commencement.

VI.

Ne pourront ſemblablement leſdits Marchands Merciers, & leur avons deffendu & deffendons de faire & contracter aſſociation avec aucun, s'il n'eſt

Marchand & Maiſtre receu audit Eſtat, ny de preſter leurs noms ou marques pour le faict deſdites marchandiſes, à peine de privation de ladite Maiſtriſe & d'amende arbitraire.

VII.

Pareillement leur avons deffendu de ſe ſervir des noms ou marques des Eſtrangers & Forains, ſi ce n'eſtoit que pour paſſer les deſtroicts & dangers des ennemis, ils y fuſſent contraints; auquel cas ils ſeront tenus en advertir leſdits Maiſtres & Gardes en leur Bureau, auparavant l'arrivage deſdites marchandiſes, à peine d'être icelles déclarées Foraines.

VIII.

Comme auſſi Nous leur deffendons de tenir Hoſtellerie, eſtre Courtiers ou Commiſſionnaires pour aucuns Marchands, Eſtrangers ou Forains, à peine de privation d'iceluy Eſtat & Maiſtriſe, & d'amende arbitraire.

IX.

Seront pareillement privez dudit Eſtat & Maiſtriſe s'ils viennent à iceluy délaiſſer, comme ils ſeroient, s'ils s'addonnoient à autre vacation incompatible avec ledit Eſtat.

X.

Ne pourront iceux Marchands Merciers, Groſſiers & Joüailliers tenir ſoit dans le Palais, ou en la Ville & Fauxbourgs de Paris, chacun d'eux plus d'une boutique, ſous quelque pretexte que ce ſoit, ſuppoſé meſme que leurs femmes fuſſent capables d'en tenir de leur part.

XI.

Et ne vendront marchandiſes en magazins, chambres, hoſtelleries, & lieux deſtournez, ains en leurs boutiques & lieux parans & ouverts de leurs maiſons, à ce que leſdites marchandiſes puiſſent eſtre veuës & viſitées par leſdits maiſtres & Gardes quand beſoin ſera, ſur peine de trente livres pariſis d'amende.

XII.

Leſquels Marchands Merciers receus audit Eſtat, tenans boutique ouverte, pourront & leur avons permis & permettons achepter, troquer, ou eſchanger tant en noſtre Ville, Prevoſté & Vicomté de Paris, Villes circonvoiſines d'icelles, & en tous autres lieux de notre Royaume, & Pays lointains & eſtrangers, ainſi que bon leur ſemblera, & trouveront pour le mieux, eſtaller, comme ils verront bon eſtre, vendre & débiter, troquer & eſchanger en icelle Ville, Prevoſté & Vicomté de Paris, Villes de noſtre obeïſſance, & tous autres Pays Eſtrangers, en gros ou détail, toutes ſortes de marchandiſes, d'Or, d'Argent, Soyes, Oſtades, Serges de Florence razes, & Eſtamets de Milan, Serges de Seigneur, de Layde, de Moüy, de Chartres, d'Orleans, d'Aſcot, & de toutes autres ſortes, pays & façons, Camelots, Burails, Montcayarts, Eſtamines, Fuſtaines, Doubleures, Frizes, Reveſches, Boucaſſins, Treillis, Bougrans, Draps de borde d'Eſpagne, Angleterre, & autres Pays Eſtrangers, Toiles de toutes ſortes, ouvrées & non ouvrées, tant Françoiſes qu'Eſtrangeres, groſſes, moyennes & fines, Chemiſes, Mouchoirs, Collets, & toutes autres ſortes de Lingerie, Chanvres, Lin, Fil de toutes ſortes, teints & non teints, Cordes, Cordages, Ficelles, Sangles, Panneaux & Fillets tant de chaſſe que de peſche, Caſtors à faire chappeaux, Laines fillées & non fillées, teintes & non teintes, Bonnets, Chappeaux, Bas de chauſſe tant de Soye, Laine, que Fil, ou autre eſtoffe, Camiſolles, Cottons auſſi filez & non filez, Marroquins, Cuirs de Levant, Chamois, Buffes, Buffetins, Chevrotins, Vélins, peaux de Moutons parées, Cuir de Megis, & generalement toutes ſortes de Cuirs, Fourrures, Pelleteries, Gants, Mitaines, & tous ouvrages faits des ſuſdites eſtoffes, Vins, Tapiſſeries, Coutils, Courtepointes, Couvertures, Caſtelongnes, & autres Franges, Paſſemens, Dentelles, Laſſis, Poincts-coupez, Rubans, Cordons, Boutons d'Or, d'Argent, de Soye, Fil, Crain, & de toutes autres eſtoffes, & de tous pays & façons, meſme l'Or & l'Argent, tant fin que faux, filé ſur ſoye ou ſur fil, enſemble Or ou Argent de Chipre, Soyes creuës & non eſcreuës, teintes & non teintes, & pareillement toute ſorte de Joüaillerie, d'Or, Argent, Pierres précieuſes, Perles, Joyaux d'Or & Argent, Vaiſſelle d'Or, d'Argent, & d'autres métaux, Corails, Grenads, Agathes, Calcidoines, Criſtail, Ambre, Amatiſtes, & toutes ſortes de Pierres taillées & non taillées, & toutes ſortes de Patenoſterie, Droguerie, Eſpicerie, Breſil, Paſtel, Cochenilles, Graine d'Eſcarlatte, Garance, & toutes eſpeces de teintures, Fer, Acier, Cuivre, Airain, Laton ouvrez & non ouvrez, neufs ou vieils, meſme fil de Laton, Mitrailles, Eſpées, Dagues & Poignards, Lames, Gardes, & garnitures d'iceux, & toutes autres ſortes d'Armes pour Hommes & Chevaux, Eſperons, Eſtriers, Mors de Chevaux, Fers, Clouds, Cizeaux, Lancettes, Canivets, Razoirs, Couſteaux, Eſpingles, Eſguilles, Eſguillettes, Ceintures, Porte-eſpée, Peignes, Eſponges, Serrures, Cadenats, Fermetures d'huis, portes, feneſtres, coffres & cabinets, Dinanderie, Quinquaillerie, Couſtellerie, & de toutes autres ſortes de marchandiſes de Cuivre, Fer, Fonte, Acier, & toutes autres œuvres de Forge & Fonte, Miroirs, Images, Tableaux tant en boſſe qu'autrement, Peintures, Heures, Pſeautiers, Catechiſmes, & autres Livres de Prieres, Plumes, Gaînes, Eſtuits, Boëtes, Eſcritoires, & generalement toutes autres ſortes & eſpeces de marchandiſes. Toutes leſquelles marchandiſes, denrées & eſtoffes, & autres eſpeces cy-deſſus ſpecifiées, Nous avons déclaré & déclarons eſtre compriſes ſous le nom de Mercerie, & le droict de les vendre & débiter tant en gros qu'en deſtail, troquer & eſchanger, appartenir auſdits Maiſtres & Gardes de la marchandiſe, & particuliers Merciers eſtans de leur Corps.

XIII.

Enjoignons auſdits Maiſtres & Gardes viſiter ſouvent en noſtredite Ville, Fauxbourgs, Bailliage du Palais, Prevoſté & Vicomté de Paris, & autres lieux où ſe tiennent les Foires durant & hors temps d'icelles, les aulnes, poids & meſures, enſemble les marchandiſes ſur tous Marchands indifferemment, tant dudit Corps de la Mercerie, Groſſerie & Joüaillerie, Forains & Eſtrangers, qu'autres Privilegiez & non Privilegiez, meſme ſur ceux qui ſuivent noſtre Cour, afin d'empeſcher qu'il ne ſoit achepté ou vendu à faux poids, ou meſures, marchandiſes qui ne ſoient loyales, & des largeurs & longueurs qu'elles doivent eſtre ſuivant les anciens Reglemens, à ce qu'aucun n'y ſoit déceu & trompé, leur permettant pour cet effect, & pour empeſcher qu'il ne ſoit entrepris ſur leur Eſtat & fonction, ny contrevenu à ces preſentes, qu'ils ſe puiſſent faire aſſiſter d'un de nos Commiſſaires, ou Sergens du Chaſtelet ou autres, pour leur donner confort, ayde & priſon, ſi beſoin eſt, faire faire ouverture tant de jour que de nuict de tous magazins, chambres, boutiques, coffres, comptoirs, armoires, & autres lieux où ils ſçauront, penſeront & pourront ſçavoir & penſer y avoir marchandiſes latitées & cachées, les faire ſaiſir, tranſporter en leur Bureau, ou bailler en garde à perſonnes capables & ſuffiſans pour en reſpondre, ou proceder par voye de ſcellé, le tout à telle fin que de raiſon, dont ſeront faits & dreſſez bons procez verbaux, & fait rapport à noſtre Prevoſt de Paris, ou ſon Lieutenant Civil, ou Subſtitut de noſtre Procureut General audit Chaſtelet, ſans que pour faire leſdites viſitations, ouvertures, ſaiſies & tranſports, ils ſoient tenus demander Viſa ou Pareatis à noſtre Bailly du Palais ou ſon Lieutenant, ni à autres Officiers ou Seigneurs pretendans droict de haute Juſtice en noſtredite

tredite Ville, Fauxbourgs, Prevosté & Vicomté de Paris.

XIV.

Et pour ce que lesdits Marchands Merciers, Grossiers & Joüailliers ne font aucuns ouvrages ou manufactures, sinon les paremens, enrichissemens & enjolivemens de leurs marchandises, que Nous leur avons permis & permettons faire avec chevilles, esparts, forces, ciseaux, bastons, esguilles, & autres outils à ce nécessaires. Nous deffendons aux Maistres & Jurez des autres Estats & Mestiers de nostredite Ville, faire aucunes visitations sur lesdits Marchands Merciers tenans boutiques, bancs ou eschoppes de marchandises, ouvrages ou manufactures qui seront en leursdites boutiques & maisons ou en chemin, pour y estre amenées & conduites, encores qu'elles fussent de la Profession, Estat & Mestier desdits Jurez, fors & réservé seulement les marchandises & drogues entrans au corps humain, qui seront veuës & visitées, assistans le Doyen de la Faculté de Medecine, qui pour lors sera, deux des Docteurs de ladite Faculté, qui à ce seront commis par chacun an, deux Maistres Merciers & Grossiers, & deux Maistres Jurez Apoticaires de cette Ville.

XV.

Ausquels Jurez des Arts & Mestiers, Nous avons deffendu & deffendons de tenir Chambre ou Bureau pour entreprendre la visitation, sans toutesfois déroger aux visitations qu'ils ont accoustumé faire aux boutiques & Chambres de ceux de leurs Arts & Mestiers, à peine de douze livres d'amende pour chacune fois qu'ils entreprendront ladite viſitation.

XVI.

Comme auſſi Nous avons deffendu & deffendons auſdits Artiſans & gens de Meſtier, faire trafic & expoſer en vente aucune marchandiſe qui n'ait été faite ou manufacturée par eux ou leurs ſerviteurs domeſtiques en cette Ville & Fauxbourgs de Paris, à peine de confiſcation & d'amende arbitraire.

XVII.

Leſquelles marchandiſes ainſi par eux & leurſdits ſerviteurs domeſtiques faites en leurs maiſons, ils ſeront tenus marquer de leurs marques, afin qu'on puiſſe connoiſtre de quels ouvriers elles ſeront procedées, pour en cas de mal-façon & défectuoſité deſdits ouvrages, s'en adreſſer à eux, comme tenus & reſponſables qu'ils en ſeront, en quelques mains que ſeront trouvez leſdits ouvrages défectueux.

XVIII.

Deffendons aux Forains & Eſtrangers, & aux Bourgeois qui ne ſont receus Maiſtres dudit Eſtat, & qui n'ont Lettres de Mercerie, de vendre & diſtribuer aucunes de leurs marchandiſes en noſtre Ville & Fauxbourgs, ſinon ès lieux & au temps ordinaire des Foires de Sainct Denis, Sainct Germain, & du Landy, & après avoir eſté viſitées par leſdits Maiſtres & Gardes.

XIX.

Pourront néantmoins hors leſdites Foires, & en tout temps amener en noſtredite Ville de Paris toutes ſortes de marchandiſes, à la charge toutesfois qu'icelles arrivées, les Voituriers tant par eauë que par terre ſeront contraints les faire deſcendre aux Bureaux deſdits Maiſtres & Gardes, auſquels ou à l'un d'iceux leſdits Voituriers ſeront tenus de monſtrer & exhiber leurs Lettres de Voiture, pour eſtre leſdites marchandiſes par eux viſitées, & celles qui pourront porter ſeel, ſeellées ou marquées, & demeurer audit Bureau juſques audit temps des Foires. Et pour le regard des défectueuſes & non loyales, en eſtre fait rapport par leſdits Maiſtres & Gardes à Juſtice, pour eſtre procedé à la confiſcation d'icelles, ou autrement en eſtre ordonné ce que de raiſon.

XX.

Qu'advenant leſdites Foires, leſdits Forains, Eſtrangers & Bourgeois non receus Maiſtres, & qui n'ont Lettres de Mercerie, pourront huict jours devant icelles faire retirer dudit Bureau leurſdites marchandiſes, qui par ladite viſitation ſe ſeront trouvées bonnes & loyales, en payant auſdits Maiſtres & Gardes un denier tournois pour chacune livre tournois, tant pour la viſitation que garde de ladite marchandiſe; de laquelle leſdits Maiſtres & Gardes ſeront reſponſables & contraints à la reſtitution d'icelle.

XXI.

Et ſera permis auſdits Forains, Eſtrangers, & Bourgeois non receus Maiſtres, & qui n'ont Lettres de Mercerie dudit Eſtat, de vendre & diſtribuer leurſdites marchandiſes ainſi viſitées durant leſdites Foires, & huict jours après icelles, en gros, & non en détail: Auſſi les huict jours paſſez, ſeront tenus faire r'emballer & empaqueter le ſurplus deſdites marchandises, & icelles rapporter audit Bureau, pour estre venduës aux autres Foires suivantes, ou bien les renvoyer où bon leur semblera, sans aucunement en disposer par eux ou autres de leur part en ladite Ville & Fauxbourgs hors foires, & lieux d'icelles, sur peine de confiscation & d'amende arbitraires.

XXII.

Que ladite vente en gros qui se fera pendant & après les huict jours desdites Foires ne se pourra faire par lesdits Forains & Estrangers, ou autres non receus Maistres dudit Estat, que sous cordes en balles ou ballons, tonneaux, barils, caisses, sacs, gommes & douzains, & que les pieces, sacs ou gommes ne soient de la contenue qui ensuit.

XXIII.

C'est à sçavoir les Fustaines courtes & Fustaines d'Allemagne de douze aulnes la piece, Toiles teintes d'Allemagne de unze aulnes & demie. Les Boucassins, Fustaines doubles, Fustaines razes, Fustaines rayées, Bordes doubles & Sangles, Fustaines de Gueldre, Boucassins de Gueldre, chacune piece de vingt quatre aulnes; Serge d'Arras de vingt-trois à vingt-quatre aulnes. Celles d'Angleterre & d'Irlande de vingt-un à vingt-deux aulnes, & des largeurs anciennement accoustumées. Les Serges estroites d'Orleans & Chartres de vingt aulnes de longueur, & demie aulne de largeur, & les doubles ensemble, les Revesches qui se font en ce Royaume de pareille longueur & d'une aulne de largeur. Les Estamines larges qui se font en Auvergne de soixante-huict à soixante-douze aulnes de long du moins, & les estroites de quarante-six aulnes de long. Celles à Bluteau qui se font à Rheims, & Pays d'environ, de vingt-une aulne: & celles à faire habits les pieces simples de unze aulnes, & les pieces & demie de seize aulnes & demie, le tout mesure de Paris, & des lez & largeurs anciennement accoustumées, & qu'elles ne soient entresuivans deuëment selon la monstre, sur peine d'estre lesdites pieces de marchandises essoreillées, & de cent sols parisis d'amende. Les Camelots d'Amiens simple fil & fil retors, & ceux de façon de l'Isle de demie aulne de largeur, & d'unze aulnes de longueur. La double piece de vingt-deux aulnes. Les Serges à deux fils & à trois fils d'une aulne de largeur, & de vingt une aulne de longueur. Celles de Moüy & Sedan de pareille longueur, comme aussi toutes sortes de Serges qui se fabriquent dans nostredite Ville d'Amiens, de vingt-une aulne, & pareillement une gomme, desquelles la moindre de six millions & toutes d'une sorte, le sac de sonnettes de la quantité de douze douzaines & non moins. Les Razoirs, Cizeaux, Lancettes & autres œuvres de Forge, à la douzaine entiere & non autrement, à peine de vingt sols parisis d'amende pour chacune douzaine.

XXIV.

Deffendons à tous Hosteliers de nostredite Ville & Fauxbourgs d'exposer ny souffrir estre exposé en ventes aucunes marchandises pour eux, ou pour les Marchands Forains & Estrangers, à peine de confiscation & d'amende, & de s'en prendre à eux; lesquels Hosteliers seront tenus advertir lesdits Marchands Forains & Estrangers logeans en leurs maisons, qu'ils n'y en peuvent vendre, & qu'ils sont tenus faire mener leurs marchandises au Bureau desdits Maistres & Gardes scis ruë Quinquempoix.

XXV.

Ne pourront lesdits Gardes permettre à aucuns desdits Estrangers, faire en nostredite Ville de Paris Estat de Couratier, ny recevoir en cette charge autres que ceux qu' ils connoistront gens de bien, & suffisans pour respondre des fautes & larcins si aucuns sont commis.

XXVI.

Ne pourront aussi les Couratiers faire en leur nom ny pour autruy aucun Estat de marchandise, si celuy pour lequel ils vendront n'est Bourgeois & Maistre dudit Estat en nostredite Ville de Paris, & ce pour éviter aux abus & monopoles qu'ils pourroient faire & commettre avec les Estrangers.

XXVII.

Et afin d'empescher les larcins & recelé des marchandises, deffenses seront faites & les faisons à toutes personnes, d'achepter ou prendre en gage aucune sorte ou espece de marchandise d'aucuns serviteurs, revenderesses, ou personnes inconnuës. Enjoint à ceux à qui lesdites marchandises seront portées de les retenir, & advertir lesdits Maistres & Gardes, sur peine de restitution de ladite marchandise, & de vingt livres parisis d'amende, si lesdits serviteurs ou autres personnes n'apportent mandement ou certification du Maistre à qui appartiendra ladite marchandise, que les achepteurs ou ceux qui prendront lesdits gages, seront tenus de retenir & garder pour descharge.

XXVIII.

Et d'autant que pour la nécessité des affaires il est besoin faire assemblée d'aucuns dudit Estat, ceux qui auront esté appellez au nombre susdit de soixante au moins, & défaudront à se trouver au jour, lieu & heure désigné, seront condamnez en vingt sols parisis d'amende, applicable aux pauvres dudit Corps, sinon qu'ils soient légitimement excusez.

XXIX.

Que ce qui sera accordé & ordonné ausdites assemblées par les anciens Gardes de ladite marchandise & autres, jusques au nombre de quarante ou cinquante des plus notables, sera observé par les autres, à peine d'amende arbitraire.

XXX.

Que de toutes les confiscations & amendes des contraventions à ces présentes, malversations & forfaictures, nous aurons la moitié, & ledit Corps & Communauté l'autre suivant les Statuts dudit Estat, & qu'il s'est depuis observé, encores qu'il n'en fust aucune chose prononcé, réservé celles qui par ces présentes sont applicables aux pauvres dudit Corps & Communauté.

XXXI.

Et en cas de contravention à cesdites présentes, & à leurs autres Statuts, Privileges, Ordonnances & Reglemens, lesdits Maistres & Gardes se pourvoyront pardevant nostredit Prevost. Et s'il y a opposition ou appellation verbale, ou ſur procez par eſcrit, ſe pourvoyront en la Grand-Chambre de noſtredit Parlement.

XXXII.

Tous leſquels Articles, Reglemens & Ordonnances cy-deſſus, Nous voulons avoir lieu & eſtre executées, pour en jouyr par leſdits Maiſtres & Gardes, & Corps deſdits Marchands Merciers, Groſſiers & Joüailliers, preſens & advenir, ainſi qu'il eſt contenu cy-deſſus, & comme ils en ont touſiours bien & deuement jouy & uſé, jouiſſent & uſent encores à preſent.

XXXIII.

SI DONNONS en mandement par ces preſentes à nos amez & feaux Conſeillers, les Gens tenans noſtredite Cour de Parlement à Paris, Prevoſt dudit lieu, & à tous nos autres Juſticiers & Officiers preſens & à venir, & à chacun d'eux, ſi comme à eux appartiendra, que nos preſentes Lettres ils faſſent lire, publier, enregiſtrer, garder & obſerver, & du contenu en icelles jouyr leſdits Maiſtres & Gardes, & Marchands Merciers, Groſſiers & Joüailliers & leurs ſucceſſeurs, ſans qu'il y ſoit contrevenu ny innové aucune choſe, nonobſtant leſdites Sentences, jugemens & Arreſts qui pourroient avoir eſté donnez au contraire. CAR TEL EST noſtre plaiſir: Et pour ce que de ces preſentes l'on pourra avoir affaire en divers lieux. Nous voulons qu'au *Vidimus* d'icelles deuëment collationnées par l'un de nos Amez & Feaux Conſeillers & Secretaires, foy ſoit adjouſtée comme au preſent original: Et afin que ce ſoit choſe se ferme & stable à tousiours, Nous avons fait mettre notre scel. DONNÉ à Paris au mois de Janvier, l'an de grace mil six cens treize. Et de nostre Regne le troisiesme, Signé, LOUYS. Par le Roy, la Royne Regente sa Mere presente. & à costé *Visa.*

DE LOMENIE.

Et plus bas est escrit,

Registré, Oüy le Procureur General du Roy pour joüyr par les Impetrans de l'effet du contenu en icelles. A Paris en Parlement le septiesme jour de Mars mil six cens treize.

Signé, DU TILLET.

ORDONNANCE
DU ROY
LOUIS XIV.

Servant de Statut aux Marchands Merciers, Grossiers, Joüailliers de cette Ville de Paris.

Aoust 1645. LOUIS, PAR LA GRACE DE DIEU, ROY DE FRANCE ET DE NAVARRE : A tous présens & à venir, Salut. Nos Prédecesseurs Roys reconnoissant que le commerce est l'un des plus grands moyens d'accroître & enrichir les Etats & les Villes, Auroient concedé & accordé aux Maîtres & Gardes de la marchandise de Mercerie, Grosserie & Joüaillerie de nôtre bonne Ville, Fauxbourgs & Banlieuë de Paris, Capitale de nôtre Royaume, plusieurs beaux Statuts, Privileges, & Reglemens, afin que comme ils y avoient établi leur demeure ordinaire, & qu'il y a continuëment un grand abord & affluence de nos Sujets & des Etrangers, l'ordre & la Police qui maintiennent toutes choses, & qui ont été établies pour l'achat & vente des marchandises, dont ceux dudit Corps font trafic, soient entretenus, en sorte qu'il ne s'y commette aucune fraude, abus ny malversation : Ce qui a donné sujet auxdits Maîtres & Gardes de nous supplier & requerir qu'à l'imitation de nosdits Prédecesseurs, il nous plût les conserver en la possession & joüissance desdits Statuts & Privileges, particulierement exprimez par les Lettres patentes du feu Roy d'heureuse mémoire, nôtre très-honoré Pere & Seigneur, que Dieu absolve, cy avec les précedentes, les Arrests d'enregistrement & copie de la quittance du droit de confirmation qu'ils nous ont payé à notre avenement à la Couronne, attachées sous notre contre-scel, il nous plût leur pourvoir de nos Lettres nécessaires. SÇAVOIR FAISONS, que voulant favorablement traiter les Exposans, de l'avis de la Reine Regente nôtre très-honorée Dame & Mere, & de notre grace spéciale, pleine puissance & autorité Royale, leur avons confirmé & continué, confirmons & continuons par ces présentes lesdits Statuts, Privileges & Reglemens, Voulons & Nous plaît, qu'ils en joüissent & usent pleinement & paisiblement, comme ils en ont bien & deuëment joüi & usé, joüissent & usent encore de present. SI DONNONS en mandement à nos Amez & Feaux Conseillers les Gens tenans nôtre Cour de Parlement à Paris, Prevôt dudit lieu, ou son Lieutenant, & à tous nos autres Justiciers & Officiers, chacun d'eux, ſi comme à eux il appartiendra que ces préſentes ils faſſent lire, publier & enregiſtrer, & du contenu en icelles joüir & uſer leſdits Maîtres & Gardes, & Marchands Merciers, Groſſiers & Joüailliers, & leurs Succeſſeurs, ſans qu'il y ſoit contrevenu : CAR tel eſt nôtre plaiſir. Et afin que ce ſoit choſe ferme & ſtable à toûjours, Nous avons fait mettre nôtre Scel à ceſdites préſentes, ſauf nôtre droit en autre choſe & l'autruy en toutes. DONNÉ à Paris au mois d'Août l'An de Grace mil ſix cens quarante-cinq, & de nôtre Regne le troiſiéme. Signé, LOUIS : & ſur le reply, Par le Roy, la Reine Regente ſa Mere préſente : Signé, PHELIPPEAUX. Et ſcellé du grand Scel de cire verte en lacs de ſoye rouge & verte.

Collationné aux Originaux par moy Conſeiller, Secretaire du Roy, Maiſon & Couronne de France & de ſes Finances.

DECLARATION DU ROY LOUIS XIV.

Du premier May 1653,

Donnée en execution des Statuts des Marchands Merciers, Grossiers, Joüailliers de cette Ville de Paris.

LOUIS, PAR LA GRACE DE DIEU, ROY DE FRANCE ET DE NAVARRE : A tous ceux qui ces présentes Lettres verront, Salut. Nos Prédecesseurs Roys connoissans que le commerce est l'un des plus puissans moyens d'accroître & enrichir les Etats & les Villes, comme aussi que les choses établies avec ordre & police, sont celles qui se maintiennent, Auroient concedé & accordé aux Maîtres & Gardes de la marchandise de Mercerie, Grosserie & Joüaillerie de nôtre bonne Ville, Fauxbourgs & Banlieuë de Paris, plusieurs Statuts, Privileges & *May 1653.*

Reglemens, pour l'achat & vente des Marchandises dont ceux de leur Corps font trafic; & par iceux voulu entre autres choses que la liberté de vendre en ladite Ville, les marchandises dépendantes de ladite Mercerie, Grosserie & Joüaillerie, appartint seulement à ceux qui sont receus Maîtres dudit Etat, sans que les Marchands Forains en puissent vendre, sinon en temps de Foires de S. Germain, S. Denis, & du Landy, avec prohibition & défense d'en amener en autre temps, sinon en les faisant descendre au Bureau desdits Maîtres & Gardes, pour y être veuës & visitées, y demeurer ensuite jusques au temps desdites Foires, & payer un denier tournois pour livre, tant pour la visitation que pour la garde desdites marchandises. Ce que nosdits Prédecesseurs Roys auroient voulu être observé si exactement, qu'en cas de contravention ils ont ordonné la confiscation des marchandises, que les contrevenans fussent aussi condamnez à l'amende, & même la confiscation des batteaux, chevaux & charrettes des Voituriers, lesquels amenant desdites marchandises en autre temps que de Foires, les descendroient ailleurs qu'audit Bureau, & dans l'intention qu'ils ont euë de conserver ledit Négoce en nôtredite Ville de Paris, & au Corps desdits Marchands Merciers, Grossiers, & Joüailliers. FAIT défenses expresses à tous ceux dudit Corps, de contracter association avec Etrangers ou Forains ny leur prêter leurs noms & marques; & à tous Hôtelliers, & autres personnes, d'en faire vente par commission, pour Marchands Etrangers, Forains, ou autres, ni de souffrir qu'il s'en fit chez eux & en leurs hôtelleries, sous les mêmes peines des confiscations, d'amende, & d'être decheus de la Maîtrise. NEANMOINS lesdits Maîtres & Gardes Nous ayant fait entendre que journellement plusieurs particuliers habitans de nôtredite Ville, & même aucuns dudit Corps par considération de parenté, alliance ou interêt, contractent, au mépris desdits Statuts & Reglemens, des societez avec des Marchands Forains & Etrangers, en conséquence desquelles ils reçoivent & débitent les marchandises qui leur sont envoyées; ce que d'autres font par commission, dont le public reçoit un préjudice notable, lesdites marchandises n'étant visitées, & lesdits Maîtres & Gardes, ainsi que tous les autres Marchands Merciers & Joüailliers de nôtredite Ville de Paris, en ce qu'ils demeurent sans commerce, lesdits Forains & Etrangers faisant par cette voye tout le négoce qui appartient ausdits Maîtres & Gardes, & à ceux de leur Corps; bien qu'il soit absolument défendu ausdits Etrangers & Forains par lesdits Statuts & Reglemens, qui ne leur en donnent la liberté qu'en temps de Foires: Comme aussi, qu'ayant fait proceder par voye de saisie sur plusieurs marchandises trouvées ès mains de personnes qui les reçoivent de la part des Etrangers & Forains, en consequence d'association, ou autrement, ou pour les vendre par commission. Et en ayans prétendu la confiscation aux termes desdits Statuts, NÔTRE PREVOST de Paris auroit simplement condamné quelques-uns en des amendes, & d'autres à payer aufdits Maîtres & Gardes le denier pour livre defdites Marchandifes par eux venduës, fous prétexte d'affociation ou de commiffion, au lieu de ladite confifcation, par une efpece de compenfation du droit de vifite à eux accordé fur les marchandifes qui peuvent être amenées par les Marchands Etrangers & Forains hors le temps des Foires, & qui doivent demeurer dans leur Bureau, pour y être vifitées & confervées jufqu'au temps d'icelles, bien que la confifcation des chofes faifies deût être jugée aux termes defdits Statuts, & l'adjudication du denier pour livre du prix des marchandifes venduës par commiffion ou affociation avant lefdites faifies par les contrevenans. Mais comme ces condamnations ne font pas capables d'arrêter & empêcher le defordre que caufe l'envoy defdites marchandifes ainfi fait par lefdits Marchands Forains & Etrangers, & que le public en fouffre un notable interêt, lefdites Marchandifes étant d'ordinaire défectueufes, & n'ayant pas les qualitez qu'elles doivent avoir; ce qui s'eft même rencontré pendant la Foire de S. Germain derniere, en laquelle lefdits Maîtres & Gardes ayans fait la vifite accoûtumée, il ne s'eft point ou fort peu trouvé de Marchandife de la qualité requife. A quoy defirant pourvoir; & ayant mis l'affaire en déliberation en notre Confeil, auquel ont été veus lefdits Statuts, Ordonnances & Jugemens: NOUS, de l'avis d'iceluy, & de notre certaine fcience, pleine puiffance, & authorité Royale, AVONS dit, déclaré & ordonné, difons, déclarons & ordonnons par ces préfentes pour ce fignées de de notre main, Voulons & Nous plaît, qu'en executant lesdits Statuts & Reglemens concedez & accordez par nos prédecesseurs Roys Charles IX. des années 1567. & 1570. & par nos très-honorez Seigneurs Ayeul & Pere, Henry IV. & Loüis XIII. de très-heureuse mémoire, des années 1601. & 1613. confirmez ausdits Maîtres & Gardes depuis notre avenement à la Couronne, par nos Lettres patentes du mois d'Aoust 1645. Que dorénavant en cas de contravention ausdits Statuts & Reglemens par aucuns desdits habitans de notredite Ville de Paris, Marchands Merciers, ou autres, & de saisie des marchandises venduës par quelques particuliers, même Merciers, Grossiers & Joüailliers, soit en conséquence d'association avec Forains & Etrangers, ou par commission; non-seulement les contrevenans soient déclarez décheus de ladite Maîtrise, mais encore les marchandises qui seront saisies, confisquées, avec condamnation d'amende, ainsi qu'il est porté par lesdits Statuts & Reglemens, & le droit dudit denier pour livre payé ausdits Maîtres & Gardes, dudit prix de toutes les marchandises qui auront été venduës sous prétexte d'association ou commission; Et qu'à cette fin lesdits Maîtres & Gardes, ainsi qu'il leur est permis par lesdits Statuts & Reglemens, & que Nous leur permettons encore par ces présentes, puissent proceder par voye de saisie sur les Livres de ceux, lesquels se trouveront en contravention, pour les examiner, connoître ce qu'ils en auront vendu, & servir à la liquidation dudit droit du denier pour livre desdites marchandises venduës en conséquence d'association ou commission. SI DONNONS EN MANDEMENT à nos amez & feaux Conseillers, les Gens tenans notre Cour de Parlement à Paris, que nos présentes Lettres de Déclaration ils fassent vérifier, publier & enregistrer, & du contenu en icelles faire joüir & user lesdits Maîtres & Gardes, pleinement & paisiblement, & y obéir par ceux qu'il appartiendra, sans y faire ny apporter aucune difficulté. CAR tel est notre plaisir; En témoin de quoy nous avons fait mettre notre scel à cesdites présentes. DONNÉ à Paris le premier jour de May, l'An de grace mil six cens cinquante-trois; Et de notre Regne le dixiéme. Signé, LOUIS: Et plus bas, par le Roy, DE GUENEGAUD. Et scellé du grand sceau de cire jaune. Et sur le reply est écrit:

Registrées, oüy, & ce consentant le Procureur General du Roy, pour être exécutées selon leur forme & teneur, aux charges & conditions portées par la Requête du 30. Juin dernier, présentée par lesdits Impetrans. A Paris en Parlement le 14. Juillet 1653.

Signé, DU TILLET.

EXTRAIT DES REGISTRES de Parlement.

VEU par la Cour les Lettres Patentes du Roy en forme de Déclaration, données à Paris le premier May mil six cens cinquante-trois, signées LOUIS: Et plus bas, Par le Roy, DE GUENEGAUD,

& ſcellées ſur double queuë du grand ſceau de cire jaune, obtenuës par les Maîtres & Gardes de la marchandiſe de Mercerie, Groſſerie & Joüaillerie de la Ville de Paris. Par leſquelles & pour les cauſes y contenuës, ledit Seigneur après avoir fait voir en ſon Conſeil les Statuts, Ordonnances & Reglemens concedez par les Roys ſes Prédeceſſeurs, Charles IX. Henry IV. & Louis XIII. d'heureuſe mémoire, auſdits Maîtres & Gardes de Groſſerie, Mercerie & Joüaillerie de ladite Ville, Fauxbourgs & Banlieuë de Paris, pour l'achat & vente des marchandiſes, dont ceux de leur Corps faiſoient trafic; même les Sentences du Prevôt de Paris, portant des condamnations contre les contrevenans auſdits Statuts vérifiez en la Cour: Auroit, de l'avis de ſondit Conſeil, dit, déclaré & ordonné, veut & lui plaît, qu'en executant leſdits Statuts & Reglemens des années 1567. 1670. 1601. & 1613. par ledit Seigneur, confirmez auſdits Maîtres & Gardes depuis ſon avenement à la Couronne, par ſes Lettres patentes du mois d'Aouſt 1645. que dorénavant en cas de contravention auſdits Statuts & Reglemens par aucuns des Habitans de ladite Ville de Paris, Marchands Merciers, & autres, & de ſaiſie des Marchandiſes venduës par quelques Particuliers, & même Merciers, Groſſiers & Joüailliers, ſoit en conſéquence d'aſſociation avec Forains & Etrangers; ou par commiſſion; non-ſeulement les contrevenans ſoient déclarez décheus de ladite Maîtriſe, mais encore les marchandiſes ſaiſies confiſquées, avec condamnation d'amende, ainſi qu'il étoit porté par leſdits

Statuts & Reglemens, & le droit d'un denier pour livre payé ausdits Maîtres & Gardes du prix de toutes les Marchandises qui auroient été venduës sous prétexte d'association ou commission; & qu'à cette fin lesdits Maîtres & Gardes, ainsi qu'il leur étoit permis par lesdits Statuts & Reglemens, & qu'il leur permet encore, puissent proceder par voyes de saisie sur les livres de ceux, lesquels se trouveroient en contravention, pour les examiner, connoître ce qu'ils en auroient vendu, & servir à la liquidation dudit droit de denier pour livre desdites marchandises venduës en conséquence d'association ou commission; ainsi que plus au long est porté par ladite Déclaration à la Cour adressante. VEU aussi lesdits Statuts, Ordonnances & Reglemens registrez en ladite Cour, & Sentences dudit Prevôt de Paris, attachez sous le contrescel de la Chancellerie; lesdites Lettres de confirmation dudit Seigneur Roy du mois d'Aoust 1645. Requête présentée à ladite Cour par lesdits Maîtres & Gardes du 26. de Juin dernier, afin d'enterrinement desdites Lettres; autre Requête présentée à ladite Cour le 30. dudit mois de Juin, contenant la déclaration desdits Maîtres & Gardes, qu'ils n'entendent se prévaloir de ladite Déclaration du premier May, contre autres que ceux de leur Corps qui voudroient contrevenir à leurs Statuts, & de ce qu'ils consentent qu'elle ne puisse nuire ny préjudicier aux opposans à la vérification des Lettres de confirmation de leursdits Statuts & Privileges par eux obtenuës au mois d'Aoust audit an 1645. Conclusions du Procureur General du Roy; & tout considéré : LA COUR a ordonné & ordonne, que lesdites Lettres en forme de Déclaration, seront registrées au Greffe d'icelle, pour être executées selon leur forme & teneur, aux charges & conditions portées par la Requête desdits Impetrans dudit jour trentiéme Juin dernier. FAIT en Parlement le quatorziéme Juillet mil six cens cinquante-trois. Signé, GUYET.

Collationné aux Originaux par moy Conseiller, Secretaire du Roy, & de ses Finances.

ARREST
DU CONSEIL D'ESTAT DU ROY.

Du treiziéme Octobre mil six cens soixante-sept.

QUI ordonne l'exécution des Statuts des Marchands Merciers, Grossiers, Joüailliers de cette Ville de Paris.

Et leur enjoint de faire leurs visites durant & hors le temps des Foires chez tous les Marchands, privilegiez & non privilegiez, même sur les Marchands suivant la Cour.

Extrait des Registres du Conseil d'Estat.

13 Octobre 1667. LE ROY s'étant fait représenter en son Conseil Royal de Commerce les Lettres Patentes des Roys ses Prédecesseurs Charles VI. Henry II. Charles IX. Henry le Grand & Louis XIII. des années 1407. 1412. 1548. 1558. 1567. 1570. 1601. & 1613.

vérifiez où besoin a été, servans de Reglemens & Statuts aux Maarchands Merciers, Grossiers, Joüailliers & Quinquailliers de la Ville & Fauxbourgs de Paris, confirmez par les Lettres Patentes de Sa Majesté du mois d'Aoust 1645. aussi deuëment vérifiées, par lesquelles pour augmenter le commerce comme un des meilleurs moyens d'accroître, & donner l'abondance en la Ville de Paris Capitale du Royaume, en laquelle, à cause de la fréquente résidence de Sa Majesté & de la grande affluence des Princes, Seigneurs, Ambassadeurs & autres personnes de toutes qualités, il se fait grand débit & consommation de toutes sortes de marchandises, pour la vente desquelles, & pour éviter les fraudes & abus qui pourroient arriver dans le négoce des marchandises défectueuses, injonction auroit été faite par lesdits Statuts aux Maîtres & Gardes desdits Marchands, de visiter souvent en ladite Ville & Fauxbourgs, Bailliage du Palais, Prevôté & Vicomté de Paris, & autres lieux où se tiennent les Foires, pendant & hors le temps d'icelles, les aulnes, poids & mesures, ensemble les marchandises sur tous les Marchands indifféremment, tant dudit Corps de la Mercerie, Grosserie & Joüaillerie, Forains & Etrangers, qu'autres, privilegiez & non privilegiez, même sur ceux qui suivent la Cour de Sa Majesté, afin d'empêcher qu'il ne soit acheté ou vendu à faux poids ou mesures, marchandises qui ne soient loyales, & des largeurs & longueurs qu'elles doivent être suivant les anciens Reglemens, & que personne n'y soit trompé, & autres diſpoſitions portées par leſdites Lettres Patentes : Leſquelles leſdits Maîtres & Gardes auroient depuis quelques années diſcontinué d'exécuter exactement ; ce qui cauſe un grand déſordre dans les Manufactures contre l'intention de Sa Majeſté, laquelle ayant pris ſoin par ſa bonté Royale de les rétablir en France pour l'augmentation du Commerce, & pour la ſubſiſtance d'un grand nombre de ſes Sujets, Elle auroit auſſi fait dreſſer des Statuts & Reglemens pour les Manufactures particulieres qui ſe font dans les Villes de Bourges, Romorantin, Iſſoudun, Châteauxroux, Laſelle, Saint Genouſt, Vierzon, Aubigny, Chartres, Verneuil, Dreux, Falaize, Saint Lo, Vire, Elbœuf, Illiers, Châlons, Beauvais, Amiens, Aumalle, Granvilliers, Crevecœur, Blicourt, Paris, Lyon, Tours, Sedan & Carcaſſonne, leſquels ont été homologuez par Arrêt de ſon Conſeil Royal de Commerce, & déclarez communs pour tous les autres lieux où il ſe fait de ſemblables Manufactures.

Et quoique la publication en aye été faite en tous leſdits lieux, & que depuis ce temps-là les Marchands & Ouvriers ayent eu tout le loiſir de réformer leurs mêtiers & uſtanciles pour s'y conformer, toutesfois pluſieurs d'entr'eux continuent à fabriquer leurs étoffes comme ils faiſoient auparavant leſdits Statuts : A quoy étant néceſſaire de pourvoir ; SA MAJESTÉ étant en ſon Conſeil Royal de Commerce, A ordonné & ordonne, que leſdites Lettres Patentes ſervans de Statuts auſdits Marchands Merciers de Paris, & notamment celles des années 1601. 1613.
&

& 1645. enſemble leſdits nouveaux Reglemens & Statuts homologuez au Conſeil de Sa Majeſté, ſeront exécutez ſelon leur forme & teneur, & conformément à icelles, en tant que beſoin eſt, SA MAJESTÉ enjoint aux Maîtres & Gardes de ladite Marchandiſe de Mercerie, aſſiſtez d'un Commiſſaire ou Sergent du Châtelet de Paris, de faire inceſſamment leurs viſites, tant en la Ville, Faux-bourgs, Bailliage du Palais, Prevôté, Vicomté & Banlieuë de Paris, qu'ès Foires de Saint Denys, Saint Germain, du Landy, Saint Laurent & autres généralement quelconques, durant & hors le temps d'icelles : Et de viſiter les aulnes, poids & meſures, enſemble toutes ſortes de marchandiſes de Mercerie, manufacturées ou non manufacturées en France, qui ſe vendent par les Marchands indifféremment, tant dudit Corps des Marchands Merciers, Groſſiers, Joüailliers & Quinquailliers, Forains & Etrangers, qu'autres, privilégiez & non privilegiez, même ſur les Marchands ſuivans la Cour ; A l'effet de quoi, ORDONNE Sa Majeſté à tous Marchands & autres perſonnes, qui auront retiré dans leurs maiſons aucunes deſdites marchandiſes ſujettes à Viſite, d'ouvrir, tant de jour que de nuit, & lorſqu'ils en ſeront requis par leſdits Maîtres & Gardes, tous magaſins, chambres, boutiques, coffres, comptoirs, armoires & autres lieux, pour être leſdites marchandiſes viſitées ; & au cas qu'elles ſoient reconnues défectueuſes, ſaiſies ſur le champ en vertu du préſent Arreſt, ſans pour ce demander aucune permiſſion, même de les faire tranſporter en leur Bureau à Paris, ou bailler en garde à perſonnes capables & ſuffiſantes pour en répondre, dont ſeront dreſſez procez verbaux, & faire rapport d'iceux au Prevôt de Paris, ou ſon Lieutenant de Police, pour être par lui fait droit ſur leſdites ſaiſies, & la confiſcation des marchandiſes prononcée avec condamnation d'amende, s'il y échet; FAISANT à cette fin Sa Majeſté très-expreſſes & itératives inhibitions & défenſes à tous autres Juges, Baillifs du Palais à Paris, de Saint-Martin, de Saint-Denys en France, Prevôt de l'Hôtel, & tous autres Officiers, hauts Juſticiers, de prendre connoiſſance directement ni indirectement de l'exécution deſdits Statuts, du préſent Arrêt & des ſaiſies, enlevement & viſites faites en conſéquence, à peine d'interdiction de leurs Charges, trois mille livres d'amende, payable ſans déport en cas de contravention, en vertu du préſent Arrêt, & ſans qu'il en ſoit beſoin d'autre, lequel ſera exécuté nonobſtant oppoſitions, appellations & empêchemens quelconques, dont ſi aucuns interviennent, Sa Majeſté s'en eſt réſervé à ſoy & à ſon Conſeil de Commerce la connoiſſnce, & icelle interdite à tous autres Juges: Et afin que perſonne n'en ignore, ORDONNE Sa Majeſté, qu'il ſera affiché, leu & publié par tout où beſoin ſera, & foy ajoûtée aux copies collationnées d'iceluy par l'un de ſes Secretaires, comme à l'Original. FAIT au Conſeil d'Etat du Roy, Sa Majeſté y étant, Tenu à Saint-Germain en Laye, le treiziéme jour d'Octobre mil ſix cens ſoixante-ſept.

Signé, DE GUENEGAUD.

LOUIS, par la Grace de Dieu, Roy de France & de Navarre : Au premier des Huissiers de nos Conseils, ou autre notre Huissier ou Sergent sur ce requis ; Nous te mandons & commandons par ces présentes signées de notre main : Que l'Arrêt dont l'Extrait est cy-attaché sous le contre-scel de notre Chancellerie, ce jourd'huy donné en notre Conseil Royal de Commerce, Nous y étant : Tu signifies à tous qu'il appartiendra, à ce qu'ils n'en prétendent cause d'ignorance, & faits au surplus pour l'entiere exécution d'iceluy, de nos Lettres Patentes servans de Statuts aux Marchands Merciers de Paris, & notamment celles des années 1601. 1613. & 1645. ensemble les nouveaux Reglemens & Statuts homologuez en notredit Conseil, qui seront exécutez selon leur forme & teneur, Tous Commandemens, Sommations, défenses y contenuës sur les peines y portées, contraintes & autres Actes & Exploits nécessaires, sans autre permission, nonobstant oppositions, appellations & empêchemens quelconques, dont si aucuns interviennent, Nous nous en réservons, & à notre Conseil de Commerce la connoissance, & icelle interdisons à tous autres Juges : Et sera ajoûté foi comme aux Originaux aux copies dudit Arrêt (qui sera affiché, leu & publié par tout où besoin sera) & des présentes collationnées par l'un de nos amez & féaux Conseillers & Secretaires : Car tel est notre plaisir. DONNÉ à S. Germain en Laye, le treiziéme jour d'Octobre, l'an de Grace mil six cens soixante-sept, & de notre Regne le vingt-cinquiéme. Signé, LOUIS. Et plus bas, Par le Roy, DE GUENEGAUD. Et scellé.

LEU & publié à son de trompe & cry public ès carrefours ordinaires & accoûtumés de la Ville de Saint-Denis, & dans le lieu de la tenuë de la Foire Saint-Denis, en la présence de Me de la Ruë, Huissier ès Conseils du Roy, par moy Charles Canto, Crieur Juré en la Prevôté & Vicomté de Paris, accompagné de Jerôme Tronsson, Estienne Chappé, Jurez Trompettes, & autres, le Vendredy quatorziéme jour d'Octobre mil six cens soixante-sept.

Signé, CANTO.

LE quatorziéme jour d'Octobre 1667. par ordre du Roy, fût le présent Arrêt de son Conseil d'Etat, montré, signifié & d'iceluy baillé copie aux fins y contenuës, aux Maîtres & Gardes de la Mercerie de cette Ville de Paris, en parlant à leurs personnes trouvées assemblées en leur Bureau à Paris, ruë Quinquempoix, à ce qu'ils n'en prétendent cause d'ignorance : Et à eux enjoint de par Sa Majesté de se transporter incessamment en la Ville de S. Denys, pour proceder par eux à l'exécution dudit Arrêt; à l'effet de quoy nous leur déclarons que du même ordre de Sa Majesté nous allons nous transporter en ladite Ville de S. Denys avec Maître Charles Canto, Crieur Juré en cette Ville, Prevôté & Vicomté de Paris, pour faire lire & publier ledit Arrêt, & ensuite le signifier à qui il appartiendra, & l'afficher par tout où besoin sera; le tout aussi à ce qu'ils n'en ignorent :

Par Nous Huiſſier ordinaire du Roy en ſes Conſeils, ſouſſigné.

Ainſi ſigné, DE LA RUE.

Et ledit jour à l'inſtant Nous Huiſſier ſuſdit & ſouſſigné, ſommes, avec ledit Canto, tranſportez en ladite Ville de S. Denys; où étant, ledit Canto aſſiſté de Jerôme Tronſſon & Eſtienne Chappé, Jurez Trompettes, après les trois chamades ordinaires, auroit en notre préſence & par le même ordre de Sa Majeſté, leu & publié ledit Arrêt à haute & intelligible voix, tant au devant de la porte & principale entrée de la grande Egliſe de ladite Ville (qui eſt le principal carrefour d'icelle) qu'au devant de toutes les portes de la Foire de ladite Ville: ce fait, du même ordre que deſſus, avons ledit Arrêt ſignifié, & d'iceluy baillé copies aux fins y contenuës au ſieur Bailly de S. Denys, en parlant à la Damoiſelle ſa femme, en ſon domicile audit lieu, à ce qu'il n'en ignore: Ce fait, autant dudit Arrêt a été par nous mis & appoſé à toutes les portes & entrées de ladite Foire S. Denis; le tout à ce que nul n'en prétende cauſe d'ignorance, & que tous ayent à y obéir: Par Nous Huiſſier ordinaire en ſes Conſeils, ſouſſigné. Ainſi ſigné, DE LA RUE.

Collationné aux Originaux par moy Conſeiller, Secretaire du Roy, Maiſon, Couronne de France & de ſes Finances.

ARREST
DU CONSEIL D'ESTAT DU ROY.

Du vingt-uniéme Juillet mil six cens soixante-quatorze.

QUI ordonne que les Etoffes qui arriveront à la Halle aux Draps & aux Foires, seront marquées par les Maîtres & Gardes de la Draperie & Mercerie conjointement.

Extrait des Registres du Conseil d'Estat.

21 Juillet 1674

LE ROY ayant été informé des fréquentes contestations qui sont survenues entre le Corps des Marchands Drapiers & celuy des Marchands Merciers de Paris, à cause de la visite & de la marque des marchandises qui sont portées en exécution des Reglemens en la Halle, appellée la Halle aux Draps, & ce sous prétexte que ladite Visite est faite par les Gardes du Corps des Marchands Drapiers seuls, bien qu'une grande partie des marchandises qui sont portées à la Halle, soient pour le commerce & compte des Marchands du Corps des Marchands Merciers : Lesquels Marchands Merciers ayans prétendu qu'il y avoit quelque affectation en la Visite des marchandises qui venoient pour leur compte, qu'elle ne pouvoit être regulierement faite que par les Gardes de leur Corps, & que ceux du Corps des Drapiers affectans d'en retarder la Visite, & la faisant même avec plus de rigueur contr'eux, qu'ils n'en pratiquoient à l'égard des Marchands Drapiers, ils ruinoient entierement leur commerce : Et bien qu'il y aye lieu de croire que lesdites Visites ont été jusques icy regulierement faites par lesdits Gardes des Marchands Drapiers, néantmoins étant important de faire cesser toutes les contestations qui pouvoient être faites sur ce sujet sous de semblables prétextes, même de pourvoir audit soulagement des Marchands de l'un & de l'autre desdits Corps des Marchands, à l'égard des frais de la marque & Visite des étoffes & marchandises : Oüy le Rapport du sieur Colbert, Conseiller ordinaire au Conseil Royal, & Contrôleur General des Finances. SA MAJESTÉ en son Conseil, A ordonné & ordonne, qu'à l'avenir tous les Draps, Serges & autres Etoffes de laine, & mêlés de laine & de fil, tant de Draperie que Mercerie, qui arriveront à Paris, seront portez à la Halle aux Draps à l'ordinaire, pour y être veus, visitez & marquez gratuitement & sans frais par les Gardes de la Draperie & de la Mercerie conjointement : Et pour cet effet, les Gardes de l'un & de l'autre Corps seront tenus de s'assembler en tel nombre qu'ils jugeront à propos, trois fois la semaine, & même plus souvent, s'il est besoin. Sera aussi fait une marque nouvelle & commune, laquelle sera enfermée sous deux clefs, dont l'une demeurera entre les mains des Gardes de la Draperie, & l'autre en celles des Gardes de la Mercerie. Et où les marchandises se trouveroient défectueuses & non conformes aux Reglemens, la poursuite s'en fera à la Requête des Gardes de l'un & de l'autre Corps : Voulant Sa Majesté que les Visites des Foires de S. Germain, du Landy & de S. Denys se fassent aussi conjointement par lesdits Gardes de la Draperie & Mercerie, & qu'au surplus les Reglemens soient exécutez selon leur forme & teneur. FAIT au Conseil d'Etat du Roy, tenu à Versailles, le vingt-uniéme jour de Juillet mil six cens soixante-quatorze. Collationné.

Signé, RANCHIN.

LOUIS, par la grace de Dieu, Roy de France & de Navarre : Au premier Huissier de nos Conseils, ou autre notre Huissier ou Sergent sur ce requis. Nous te mandons & commandons, que l'Arrêt dont l'Extrait est cy-attaché sous le contre-scel de notre Chancellerie, ce jourd'huy donné en notre Conseil d'Etat, tu signifies aux Gardes des Marchands Drapiers & Merciers de notre Ville de Paris, & à tous autres qu'il appartiendra, à ce qu'ils n'en ignorent ; & fais pour l'entiere exécution d'iceluy

luy, tous Commandemens, Sommations, & autres Actes & Exploits néceſſaires, ſans autre permiſſion; Et ſera ajoûté foy comme aux originaux aux copies dudit Arrêt & des préſentes collationnées par l'un de nos amez & féaux Conſeillers Secretaires: CAR tel eſt notre plaiſir. DONNÉ à Verſailles le vingt-uniéme jour de Juillet, l'an de grace mil ſix cens ſoixante-quatorze, & de notre regne le trente-deuxiéme, Signé, Par le Roy en ſon Conſeil,

RANCHIN.

Le onziéme jour d'Aouſt mil ſix cens ſoixante-quatorze, le préſent Arreſt a été, de la part du Roy, par Nous Huiſſier ordinaire des Conſeils de Sa Majeſté, ſouſſigné, montré & d'icelui baillé & laiſſé copie aux fins y contenuës, aux ſieurs Maîtres & Gardes du Corps des Marchands Drapiers, & aux Maîtres & Gardes des Marchands Merciers de cette Ville de Paris, en parlant, ſçavoir pour les ſieurs Maîtres & Gardes des Marchands Drapiers en leur Bureau, ruë des Déchargeurs, au nommé Riviere leur Commis; & pour leſdits ſieurs Maîtres & Gardes des Marchands Merciers, en leur Bureau, ſis ruë Quinquempoix, au nommé Genſe leur Concierge dudit Bureau, tous à ce qu'ils n'en ignorent; & ayent à y ſatisfaire & obéir aux fins dudit Arreſt.

Signé, ***DU VAULX.***

Collationné aux Originaux par moy Conſeiller, Secretaire du Roy, Maiſon, Couronne de France, & de ſes Finances.

ARREST
DU CONSEIL PRIVÉ
DU ROY.

Du cinquiéme Octobre mil six cens quatre-vingt-onze.

QUI ordonne qu'à l'avenir aucunes contraintes ne pourront être exercées contre les Maîtres & Gardes du Corps des Marchands Merciers de cette Ville de Paris, pour raison de leurs Visites.

Extrait des Registres du Conseil Privé.

5 Octobre. 1691. SUR la Requête présentée au Roy en son Conseil par les Maîtres & Gardes du Corps des Marchands Merciers, Grossiers, Joüailliers, Quinquailliers de la Ville de Paris, contenant : Que le 25. Septembre dernier, ayant fait saisir plusieurs marchandises de Mercerie sur Pierre Jannart, qui n'eſt pas Marchand Mercier, & qui ne laiſſoit pas d'en débiter dans une Boutique au Fauxbourg S. Marcel, en contravention aux Statuts des Supplians, dont la connoiſſance appartient en premier inſtance au ſieur de la Reynie, étant un fait de Police. Ils luy firent donner aſſignation le même jour pardevant ledit ſieur de la Reynie, pour en voir ordonner la confiſcation, avec amende & dépens : Pour éluder laquelle pourſuite, ledit Jannart a fait rendre un Arrêt au Grand Conſeil le 28. dudit mois de Septembre, ſur une ſimple Requête de Frere Euſtache-Bernard Daverne, Chevalier de l'Ordre de S. Jean de Jeruſalem, Adminiſtrateur de la Commanderie de S. Jean de Latran, prenant ſon fait & cauſe; par lequel, ſans avoir égard à l'aſſignation donnée pardevant le ſieur Lieutenant General de Police, il a été ordonné, que ſur la demande des Supplians, les Parties procederont au Grand Conſeil ; cependant main-levée par proviſion à la caution de Jannart des choſes ſur luy ſaiſies, à la reſtitution les Maîtres & Gardes des Merciers, & les dépoſitaires contraints par corps ; ce faiſant déchargez ; En vertu duquel Arrêt il a fait donner aſſignation aux Supplians le premier du préſent mois d'Octobre, à comparoir au Grand Conſeil, ce qui formoit un conflit entre ledit ſieur Lieutenant General de Police & le Grand Conſeil, pour raiſon de quoy les Parties ne pouvoient ſe pourvoir qu'au Conſeil de Sa Majeſté : mais ſans attendre ce préalable, ledit Jannart a envoyé le 2. du préſent mois d'Octobre un Huiſſier du Grand Conſeil avec plus de quinze Archers, dans la maiſon de Jean-

François Sautreau, l'un desdits Gardes, & l'un des Conseillers de Ville, qu'ils ont scandaleusement enlevé de sa Boutique, & traîné par les rues à pied & sans chapeau, jusqu'aux prisons du Fort-Levêque, où il a été écroüé; en quoy il a receu l'insulte la plus cruelle qui puisse être faite à un Marchand, dont la réputation est de la derniere délicatesse; en sorte que cette violence seroit capable de luy faire perdre son honneur & son crédit, si Sa Majesté n'avoit la bonté d'interposer son autorité, comme elle a bien voulu faire en pareilles occasions; car il est certain que la Police generale de la Ville de Paris appartient aux Officiers du Châtelet privativement à tous autres, aux termes des anciens Reglemens & des Arrêts du Conseil intervenus dans toutes les occasions, notamment de celuy du 5. Novembre 1666. qu'ainsi la connoissance de toutes les saisies qui sont faites par contravention aux Statuts des Supplians, appartient audit sieur Lieutenant General de Police, comme il a été jugé par une infinité d'Arrêts du Conseil rendus contre les Privilegiez, qui ont voulu se soustraire de la Jurisdiction dudit sieur Lieutenant General de Police; & lorsqu'il est arrivé que les prétendus Privilegiez ont surpris précipitamment des condamnations contre les Maîtres & Gardes des Merciers, par des Sentences de la Prevôté de l'Hôtel, ou des Arrêts du Grand Conseil, & qu'en vertu de ces Sentences & Arrêts ils ont fait des violences, Sa Majesté a toujours interposé son aurorité pour les reprimer. Les Supplians n'ont qu'à rapporter l'Arrêt solem-

rêt du Conſeil du 3. Fevrier 1674. rendu ſur leur Requête & ſur celle du ſieur Gervais, lors Grand Maître & Garde de la Mercerie, qui avoit été emprisonné à la Requête du nommé Angilbert & ſa femme, pour une pareille reſtitution de marchandiſes ſaiſies en contravention ; par lequel Arrêt, ſans avoir égard aux Sentences de la Prevôté de l'Hôtel & Arrêt du Grand Conſeil, que Sa Majeſté a caſſé & annullé, elle a déclaré l'empriſonnement fait de la perſonne dudit Gervais Grand Garde, injurieux, tortionnaire & déraiſonnable : Ordonne que ſon écrou ſeroit rayé & biffé, & pour être fait droit, tant ſur la réparation, violences, dommages & interêts, que ſur le principal, Sa Majeſté a renvoyé les Parties pardevant le Lieutenant General de Police en premiere inſtance, avec deffenſes auſdits Angilbert & ſa femme & tous autres, de faire aucunes procedures pardevant d'autres Juges ſur le fait des Reglemens concernant la Police, Statuts & Reglemens des ſix Corps des Marchands, à peine de trois mille livres d'amende en cas de contravention, de ſorte que les Supplians ſe trouvans dans le même cas, & l'un des Gardes de la Mercerie ayant receu une pareille inſulte, ils eſperent que dans cette occaſion Sa Majeſté donnera une marque éclatante de ſa juſtice, pour réprimer l'inſolence dudit Jannart, & rétablir l'injure qui a été faite audit Sautreau ; d'autant plus que l'affectation de luy faire inſulte eſt toute viſible, puiſqu'il n'a point été preſent à la ſaiſie ; qu'il n'eſt pas dépoſitaire des marchandiſes qui ont été ſéqueſtrées ; & qu'enfin l'Arrêt du Grand Conſeil, en vertu duquel il a été empriſonné, ne luy a été ſignifié, ny à ſa perſonne, ny à ſon domicile; à quoy les Supplians ſont obligez d'ajoûter, qu'ils ſeroient bien malheureux, s'ils étoient expoſez aux inſultes de tous ceux ſur qui ils ſont obligez par le devoir de leurs Charges de faire des ſaiſies. A CES CAUSES, requeroient les Supplians qu'il plût à Sa Majeſté ordonner, que le ſieur Daverne & ledit Jannart ſeront aſſignez au Conſeil, pour ſe voir regler de Juges d'entre le Châtelet de Paris & le Grand Conſeil, & ordonner ſi faire ſe doit, que ſans s'arrêter à l'Arrêt ſur Requête du Grand Conſeil du 28. Septembre dernier, qui ſera caſſé & annullé, & tout ce qui s'en eſt enſuivy, les Parties ſeront renvoyées pardevant le ſieur Lieutenant General de Police du Châtelet, avec dépens, dommages & interêts; cependant ſurcis à toutes pourſuites, juſqu'à ce qu'autrement par Sa Majeſtc en ait été ordonné, à peine de nullité & de caſſation; à condition de faire ſignifier l'Arrêt qui interviendra, & donner aſſignation par un même exploit, autrement les déſenſes levées, & dès-à-préſent déclarer l'empriſonnement fait de la perſonne dudit Sautreau le 2. du préſent mois, à la Requête deſdits Daverne & Jannart, injurieux, tortionnaire, & déraiſonnable, ordonner que ſon écrou ſera rayé & biffé; qu'il ſera mis hors des priſons, dans leſquelles il eſt détenu, à ce faire le Geolier contraint par corps, quoy faiſant déchargé; condamner leſdits Doverne & Jannart ſolidairement en dix mille livres de dommages & interêts, & aux dépens, avec défenses à toutes personnes d'user de telles voyes, ny d'exercer aucunes contraintes contre lesdits Maîtres & Gardes, sauf à les faire exécuter contre le Concierge de leur Bureau, dépositaire des marchandises saisies. VEU ladite Requête signée Guyenet, Avocat audit Conseil, la saisie faite sur Jannart, à la Requête des Supplians le 25. Septembre dernier, avec assignation pardevant le sieur Lieutenant General de Police du Châtelet, l'Arrêt du Grand Conseil intervenu sur la Requête du sieur Daverne, prenant le fait & cause de Jannart le 25. dudit mois, la soûmission faite le même jour par ledit Jannart, l'assignation donnée aux Supplians le premier Octobre, à comparoir au Grand Conseil avec l'écrou d'emprisonnement dudit Sautreau du 2. du présent mois, à la Requête dudit sieur Daverne, prenant le fait & cause de Jannart. OUY le Rapport du sieur Maupeou d'Ableige, Conseiller du Roy en ses Conseils, Maîtres des Requêtes ordinaire de son Hôtel, Commissaire à ce député, & tout consideré, LE ROY EN SON CONSEIL, a ordonné & ordonne, qu'aux fins de ladite Requête, lesdits Daverne, Jannart, & Auvray, Huissier du Grand Conseil seront assignez au Conseil, pour être reglez de Juges d'entre ledit Grand Conseil & le Châtelet de Paris : FAIT Sa Majesté défenses aux Parties de faire poursuites ailleurs qu'au Conseil, à peine de nullité, cassation de procedures, dépens, dommages & interêts, & de trois mille livres d'amende, à condition de signifier le présent Arrêt ; & de donner les Assignations par un seul &

même exploit, autrement les défenses levées, cependant ORDONNE Sa Majesté, que par provision ledit Sautreau sera élargi des prisons du Fort-Leveque, son écrou rayé & biffé, pourvû qu'il ne tienne pour autre cause, à ce faire le Geolier contraint par corps, quoy faisant déchargé : ORDONNE en outre Sa Majesté, qu'à l'avenir aucunes contraintes par corps ne pourront être exercées contre lesdits Maîtres & Gardes pour raison de leurs visites, sauf à les faire exécuter contre le Concierge de leur Bureau, dépositaire des marchandises saisies, jusques à ce qu'autrement par le Conseil en ait été ordonné : VEUT & entend Sa Majesté qu'il soit informé des excez & violences commises en la personne dudit Sautreau par l'Huissier Auvray & ses Archers lors dudit emprisonnement, à la Requête du Procureur General des Requêtes de l'Hôtel, poursuite & diligence desdits Maîtres & Gardes, par le sieur Bignon Maître des Requêtes, qu'elle a commis à cet effet, pour le tout vû & rapporté au Conseil être fait droit ainsi qu'il appartiendra. Fait au Conseil Privé du Roy, tenu à Fontainebleau le 5. Octobre 1691. Collationné, avec paraphe.

Signé, DUMAS.

Le sixiéme Octobre mil six cens quatre-vingt-onze, à la Requeste desdits Maîtres & Gardes des Marchands Merciers, Grossiers, Joüailliers, Quinquailliers de la Ville de Paris, le présent Arrest a esté par Nous Huissier ordinaire du Roy en ses Conseils, soussigné, montré, signifié, & d'iceluy laissé copie aux fins y contenuës, & des deffenses

deffenses y portées audit Pierre Jannart y nommé, en son domicile ruë de Lourfine, Fauxbourg S. Marcel, parlant à sa femme, & audit Frere Bernard-Eustache Daverne, Chevalier de l'Ordre de S. Jean de Jerusalem, Administrateur de la Commanderie de Saint Jean de Latran, prenant le fait & cause dudit Jannart aussi y nommé, au domicile de Me   Ruette, Procureur au Grand-Conseil, parlant à son Clerc; ausquels domiciles à Paris dudit Jannart & dudit Ruette pour ledit Daverne, nous nous sommes exprès de Fontainebleau où nous étions à la suite du Conseil, le Conseil y étant, transporté; ausquels Jannart & Daverne, en vertu dudit Arrest, nous avons donné assignation à comparoir à la quinzaine au Conseil Privé du Roy, la part où il sera, pour répondre & proceder sur les fins & conclusions mentionnées en la Requeste énoncée audit Arrest, & en outre comme de raison, & déclaré que Maître François Guyenet Avocat au Conseil, occupera pour lesdits Maîtres & Gardes des Marchands Merciers sur la présente assignation, à ce qu'ils n'en ignorent, dont Acte.

Signé, BOIVIN.

Le huitiéme Octobre mil six cens quatre-vingt-onze, à la Requeste desdits Maîtres & Gardes des Marchands Merciers de la Ville de Paris, le présent Arrest a esté par Nous Huissier ordinaire du Roy en ses Conseils, soussigné, montré, signifié, & d'icelui laissé copie aux fins y contenuës, & des défenses y portées, à   Auvray, Huissier au Grand Conseil, en son domicile ruë des Anglois, parlant à sa fille; auquel, en vertu dudit Arrest, avons donné assignation à comparoir à la quinzaine au Conseil Privé du Roy, la part où il sera, pour répondre & proceder sur les fins & conclusions mentionnées en la Requeste énoncée audit Arrest, & en outre comme de raison, & déclaré que Maître François Guyenet, Avocat au Conseil, occupera pour lesdits Maîtres & Gardes sur la présente assignation, à ce qu'il n'en ignore, dont Acte.

Signé, BOIVIN.

EXTRAIT DE L'ARREST DU CONSEIL *Privé du 24 Décembre 1694. rendu entre les Maistres & Gardes de la Mercerie, les Maistres & Gardes des six Corps des Marchands intervenans, Pierre Jannart demeurant dans la rue de Loursine, faisant partie de la Seigneurie de Saint Jean de Latran, & Religieux Seigneur Frere Louis de Fleuvigny, ayant repris l'instance au lieu de défunt Charles de Savoniers Commandeur de la Commanderie de Saint Jean de Latran & ses dépendances.*

Arrest du Conseil contre Pierre Jannart & autres, du 14 Décembre 1694.

LE Roi en son Conseil, sans s'arrester à l'Arrest du Grand Conseil du 28. Septembre 1691. déclare valable la saisie faite sur ledit Jannart : Cefaisant, ordonne que les marchandises saisies demeureroient confisquées ; défenses audit Jannart & tous autres de vendre aucunes marchandises de Mercerie, ni autres marchandises concernant les professions des six Corps, s'ils ne sont reçûs dans leurs Corps, à peine de confiſcation, dépens, dommages & intéreſts; déclare l'Arreſt du Conſeil du cinq Octobre 1691. commun avec les intervenans, & conformément à icelui, fait defenſes à tous Juges de prononcer aucunes condamnations par corps contre les Maiſtres & Gardes des ſix Corps, pour la répréſentation & reſtitution des marchandiſes qu'ils auront ſaiſies dans leurs Viſites, ſauf à prononcer & faire exécuter leſdites contraintes par corps, contre les Concierges de leurs Bureaux, dépoſitaires des marchandiſes ſaiſies.

EXTRAIT DES REGISTRES de Parlement.

Arreſt contre les Paſſementiers, Boutonniers du 8 Juin 1612.

ENtre les Maiſtres & Gardes de la marchandiſe de Mercerie, Groſſerie & Jouaillerie de cette Ville de Paris, Demandeurs aux fins d'une Requeſte par eux préſentée à la Cour le huit Février dernier, tendante à ce qu'ils fuſſent reçûs oppoſans à la vérification des Lettres de confirmation des Privileges obtenus du Roi, par les Maiſtres Jurés Paſſementiers, Boutonniers & faiſeurs de Cordons de cette Ville d'une part : Et leſdits Maiſtres Jurés Paſſementiers, Boutonniers défendeurs d'autre. VEU par la Cour l'Arreſt du 21 Février dernier, par lequel auroit eſté ordonné, que les Demandeurs fourniroient de leurs cauſes d'oppoſition dans trois jours, qui ſeroient communiquées aux Défendeurs pour y répondre trois jours après; produiroient les Parties leurs piéces, & ce qui bon leur ſembleroit, pardevers l'un des Conſeillers d'icelle à ce Commis, dans trois jours, pour en faire ſon raport à ladite Cour; leſdites Lettres, cauſes d'oppoſition & réponſes à icelles, productions deſdites Parties, Concluſions du Procureur Général du Roi; Tout conſideré. DIT A ESTÉ, que ladite Cour a reçu & reçoit leſdits Maîtres & Gardes de la marchandiſe de Mercerie, Groſſerie & Jouaillerie de cette Ville, oppoſans à la vérification des Lettres par leſdits Maiſtres Jurés Paſſementiers, obtenues au mois de Septembre dernier;

Et ayant égard à icelles, A ordonné & ordonne que lesdites Lettres seront enregistrées, pour jouir du contenu en icelles par les Impétrans selon qu'ils en ont ci-devant bien & dûement joui & usé ; même de pouvoir faire & faire faire par leurs Serviteurs & Domestiques, toutes sortes d'ouvrages de Passement à Dantelle de fil blanc de Florence, d'Epinay, de Cloître, & de toutes autres sortes de fil blanc & de couleurs, sans toutesfois qu'ils puissent empêcher toutes autres personnes de faire & ouvrer lesdits Passemens à Dantelle de fil blanc de Florence, d'Epinay & de Cloître : Leur a fait inhibitions & défenses d'en acheter dorénavant, ni faire acheter pour en faire revente & marchandise en quelque sorte & maniere que ce soit, à peine de confiscation, suivant l'Arrest de la Cour du 21 Mars 1609. & Sentence du Prevost de Paris ou son Lieutenant, donnée sur autres Lettres par lesdits Maistres Jurés Passementiers, obtenues au mois d'Avril 1609. Et néanmoins leur a permis & permet de se défaire de ce qu'ils pourroient en avoir acheté ci-devant, dans trois mois, à peine de confiscation ledit tems passé, sans dépens. Prononcé en Parlement le 8 Juin 1612. Collationné avec paraphe.

EXTRAIT DE L'ARREST DE LA Cour du sept Aoust 1676. rendu entre les Maistres & Gardes du Corps des Marchands Merciers, Grossiers, Jouailliers de Paris, appellans d'une Sentence rendue par Monsieur le Lieutenant Général de Police le 5 May 1671. d'une part : & Jean Billet Maistre Cloustier au Faubourg saint Germain, intimé d'autre, Jean Pinot Cloûtier à Paris, & les Jurés de ladite Communauté intervenans.

Arrest contre les Cloûtiers du 7 Août 1676.

LA Cour, sans avoir égard à l'intervention desdits Pinot & consorts, dont elle les a deboutés, a mis & met l'appellation, & ce dont a été appellé au néant : émandant a déclaré la saisie des six tonneaux de Clous dont est question, bonne & valable : ordonne que lesdites marchandises saisies seront vendues, & néanmoins les deniers qui proviendront du prix rendus audit Billet pour cette fois seulement ; fait défenses audit Billet & tous autres Maistres Cloûtiers de cette Ville de Paris, de vendre & débiter aucunes marchandises que celles qu'ils feront, ou feront faire par leurs serviteurs & domestiques dans leurs boutiques, sous les peines portées par l'Ordonnance ; condamne ledit Billet aux dépens des causes principales & d'appel, & lesdits Pinot & consorts en ceux de l'intervention. Fait en Parlement le 7 Août 1676. Signé, Jacques, Par collation.

EXTRAIT DES REGISTRES *de Parlement.*

Autre Arrêt contre les Cloustiers du 24 Août 1678.

ENtre les Maistres Cloustiers, Lormiers, Estameurs & Marchands Ferronniers de la Ville & Fauxbourgs de Paris, Demandeurs en Requeste par eux présentée à la Cour le 10 Février 1678. afin d'enregistrement des Lettres Patentes en forme de Statuts, par eux obtenues au mois d'Avril 1677. d'une part : Et les Maistres & Gardes des Marchands Merciers, Grossiers, Jouailliers de Paris, opposans à l'enregistrement desdites Lettres Patentes, défendeurs d'autre. VEU par la Cour les Lettres Patentes du Roi, données au Camp devant Cambray au mois d'Avril 1677. Signées LOUIS. Et sur le repli, par le Roi, COLBERT. Et scellées du grand Sceau de cire verte, obtenues par lesdits Maîtres Cloûtiers, Lormiers, Estameurs & Marchands Ferronniers de cette Ville de Paris & Banlieuë d'icelle, par lesquelles & pour les causes y contenues ledit Seigneur Roi de l'avis de son Conseil qui avoit vû l'Arrest du Conseil du 24 Décembre 1676. attaché sous le contre-scel, & les Statuts & Réglemens desdits Maistres Cloûtiers, Lormiers, Estameurs & Marchands Ferronniers de la Ville, Fauxbourgs & Banlieuë de Paris, contenant quarante-un Articles énoncés en icelui, auroit suivant & conformément audit Arrêt, de grace spéciale, pleine puissance & autorité Royale, iceux Statuts agréés, confirmés & approuvés, veut & lui plaist qu'ils soient inviolablement gardés & observés par lesdits Impétrans & leurs successeurs audit métier, sans qu'il puisse estre contrevenu en quelque sorte & maniere que ce soit, ainsi & comme plus au long le contiennent lesdites Lettres à la Cour adressantes. Acte d'opposition desdits Marchands Merciers, formée au Greffe de la Cour le 23 Novembre 1676. signifiée le 10 Décembre audit an. Arrest du 13 May 1677. par lequel la Cour avant proceder à l'enregistrement desd. Statuts, auroit ordonné que lesd. Statuts & Lettres Patentes seroient communiquées au Lieutenant de Police & aux Substituts du Procureur Général du Roi au Chastelet de Paris, pour sur iceux donner leur avis, pour ce fait rapporté & communiqué audit Procureur Général, être ordonné ce que de raison. Avis donné en exécution dudit Arrest par ledit Lieutenant de Police & Substituts dudit Procureur Général au Chastelet le 20 Juillet audit an. La Requeste desdits Maistres Cloustiers du 10 Mai 1678. à ce que sans avoir égard à l'opposition desdits Merciers, il fust ordonné que lesdits Statuts seroient registrés au Greffe de ladite Cour, pour être le contenu en iceux observé selon sa forme & teneur. Défenses desdits Merciers contre icelle, du 23 dudit mois de May, employées pour moyens d'opposition, par lesquelles ils soûtiennent à leur égard, que la vérification & enregistrement demandée par les Cloustiers, ne leur peut estre accordé purement & simplement, & que défenses leur doivent estre faites de prendre autre qualité que celle de Cloustiers de Paris, leurs Jurés, celle des Jurés de la Communauté des Maistres

Maistres Cloustiers, défenses à eux d'en prendre d'autre ; qu'ils ne pourront visiter autre marchandise de Cloufterie que celle qui aura été faite par les Maistres de leur mêtier, & ès maisons & boutiques de leur art ; défenses à eux d'entreprendre aucune visite sur les ouvrages de Cloufterie, que lesdits Marchands Merciers feront amener en cette Ville, ou que les Forains feront amener ; défenses pareillement ausdits Cloustiers de faire venir aucune marchandise parfaite pour revendre, d'en acheter & exposer en vente que celles qui auront été par eux faite, d'acheter du fer, de l'acier & du charbon de Terre pour revendre, & qu'ils ne pourront vendre aucun Fer, soit vieux & neuf, qu'il n'ait par eux été employé à leurs ouvrages ; & que défenses leur seront pareillement faites de troubler lesdits Marchands Merciers dans le droit & la possession dans laquelle ils sont d'acheter pour revendre & faire venir en cette Ville tant de celle du Royaume, que de tous les Pays étrangers, & de toutes sortes d'ouvrages de Cloufterie, Lormerie, Estames & non Estames, Fer, Ferronnerie, Acier, Charbon de Terre, & autres matieres & ouvrages dépendans de la Cloufterie, Lormerie, Estamerie, Ferronnerie, & des matieres pour en faire faire en cette Ville par les Maistres de chacun desdits mêtiers ausquels lesd. ouvrages appartiennent, & condamner lesdits Cloustiers aux dépens. Arrest d'appointé en droit du 8 Juin 1678. Requeste desdits Maistres Cloustiers du premier Septembre audit an, employée pour avertissement. Production des Parties & Requêtes des 20 Janvier, 28 Février & 7 Avril 1679. par elles refpectivement employées pour contredits & salvations. Conclusion du Procureur Général du Roy. LA COUR a reçu & reçoit lesdits Maistres & Gardes des Marchands Merciers opposans, en ce que par lesdits Statuts il est porté que lesdits Cloustiers auront la faculté de visiter les marchandises de Clousterie qui seront apportées de dehors de cette Ville de Paris, & qu'ils pourront en acheter pour les revendre. Faisant droit sur l'opposition ordonne que l'Arrest du 7 Aoust 1676. sera exécuté ; ce faisant que lesdits Maistres Cloustiers de Paris, ne pourront vendre ni débiter, ni même visiter que les marchandises qu'ils fabriqueront, ou feront faire & fabriquer par leurs serviteurs, domestiques, dans leurs boutiques & maisons, & seront lesdites Lettres & Statuts registrées au Greffe de la Cour, pour être au surplus exécutées, & jouir par lesdits Maistres Cloustiers de leur effet & contenu, sans néanmoins qu'ils puissent acheter aucun Acier, Fer & Charbon de Terre pour revendre, ains seulement pour employer à faire ouvrages, & les condamne en un tiers des dépens, & les deux autres tiers compensés. FAIT en Parlement le 24 Avril 1679. Collationné.

ARREST DU CONSEIL.

Par Arrest du Conseil Privé du Roy du trois Mars 1682. contradictoirement rendu entre les Maistres & Gardes des Marchands Merciers, Grossiers & Jouailliers de la Ville de Paris; & les Jurés & Communauté des Maistres Cloustiers de ladite Ville, qui s'étoient pourvûs par Requeste en cassation de l'Arrest du 24 Avril 1679.

APpert lesdits Cloustiers avoir été déboutés de leur Requeste, & condamnés en l'amende de trois cens livres envers le Roi, & de cent cinquante livres envers les Parties, & aux dépens.

Arrest du Conseil contre lesdits Cloustiers du 3 Mars 1682.

EXTRAIT DE L'ARREST DE LA Cour, rendu sur production le 12 Mars 1679. entre Jean Pillon Marchand Mercier, Grossier, Jouaillier à Paris, appellant de deux Sentences des premier Septembre 1676. & neuf Mars 1677. d'une part; les Jurés de la Communauté des Maistres Serruriers, intimés d'autre; & les Maistres & Gardes du Corps des Marchands Merciers, Grossiers, Jouailliers à Paris, Intervenans, encore d'autre.

Arrest contre les Serruriers du 12 Mars 1679.

LAdite Cour faisant droit sur le tout, a mis & met l'appellation, & ce dont a été appellé au néant : émandant, fait main-levée audit Pillon des marchandises sur lui saisies, qui lui seront rendues & restituées, sinon la juste valeur à dire d'Experts & gens à ce connoissans, dont les Parties conviendront pardevant le Conseiller Rapporteur, autrement nommés d'Office ; A maintenu & gardé les Maistres Serruriers au droit de visiter deux fois l'année ès boutiques & maisons desdits Marchands Merciers, les Ouvrages de Serrures, Gonds, Pattes, Verroux & Fiches qui s'appliquent tant aux portes, qu'aux fenêtres des maisons seulement, suivant & conformément à l'Arrest de Reglement du 26 Juin 1638. à la charge par les Jurés Serruriers d'appeller un Garde desdits Marchands Merciers, pour assister avec lesdits Jurés à ladite visite sans frais : Fait défenses ausdits Serruriers de visiter les autres ferrures, ni de vendre & débiter aucunes marchandises de Serrurerie, que celles qu'ils auront fabriquées en leurs maisons & boutiques, ou fait fabriquer par leurs enfans, Apprentifs ou Domestiques ; Et ausdits Pillon & Marchands Merciers de cette Ville de Paris, de faire forger & fabriquer dans cette Ville, par autres que par lesdits Maistres Serruriers, à peine de deux cens livres d'amende ; Et au surplus, sera ledit Arrest de Reglement du 26 Juin mil six cens trente-huit, exécuté. Et sur les autres demandes, met les Parties hors de Cour & de procès : Condamne lesdits Jurés Serruriers pour tous dommages & intérests, aux dépens envers ledit Pillon, les dépens entre les autres Parties compensées. Fait en Parlement le douziéme Mars mil six cens soixante-dix-neuf.

Collationné, Rambourg. Signé, JACQUES.

EXTRAIT DE L'ARREST DE LA COUR de Parlement rendu sur l'appel d'une Sentence de Police du 4 May 1669. qui deffend qu'un Apprentif marié pendant les trois années de son appentissage puisse parvenir à la qualité de Marchand Mercier.

Du premier Aoust 1669.

LA Cour ordonne que les Statuts des Marchands Merciers seront exécutés, conformement à iceux, que nul Apprentif marié pendant son apprentissage, & le tems de service portés par les Statuts ne pourra être reçu Marchand. Fait en Parlement le premier Aoust 1669.

Apprentif marié pendant son Apprentissage, du premier Aoust 1669.

EXTRAIT *de l'Arrest de la Cour, rendu sur la Requeste des Maistres & Gardes du Corps de la Mercerie, portant Reglement, pour les Apprentifs & l'enregistrement des Brevets d'apprentissage.*

Du 6 Juillet 1671.

LA Cour a ordonné & ordonne, que les Statuts du Corps de la Mercerie, Arrests & Reglemens de la Cour, seront exécutés selon leur forme & teneur: Ce faisant, conformement à iceux, que tous Marchands Merciers, Grossiers, Jouailliers de cette Ville de Paris, ne pourront avoir qu'un seul Apprentif, & qu'à l'instant du date de l'appren-

Enregistrement des Brevets d'Apprentissage du 6 Juillet 1671.

tissage, ou du moins quinzaine après icelui, ils seront tenus d'apporter au Bureau des Maistres & Gardes les Brevets d'apprentissage, & d'y mener leurs Aprentifs, pour être ledit Brevet registré sur le registre du Bureau, & delivré à l'Apprentif une petite lettre, en satisfaisant aux choses accoutûmées, duquel jour seulement courera le tems dudit apprentissage, à peine contre les contrevenans, en l'un ou l'autre des cas cy-dessus, de 100 livres d'amende contre chacun des Maistres qui se trouvera avoir plus d'un Apprentif, & qui n'aura point dans le tems cy-dessus ammené son Apprentif au Bureau, pour y prendre une petite lettre, applicable aux pauvres du Corps des Merciers : au payement de laquelle ils seront contraints nonobstant oppositions ou appellations quelconques, & sans préjudice d'icelles. Fait en Parlement le six Juillet 1671.

EXTRAIT *de l'Arrêt de la Cour rendu sur production, entre les Maistres & Gardes du Corps de la Mercerie d'une part, & plusieurs Marchands & Apprentifs d'autre, suivant lequel les Apprentifs qui pendant leur apprentissage épousent des filles de Marchands gagnent la franchise de Marchandise.*

Du 27 Février 1679.

Apprentif marié à fille de Marchand, 27 Février 1679.

LA Cour faisant droit sur le tout, ordonne que le cinquiéme art. des Statuts concernant la défense de tenir aucun Apprentif marié, sera gardé & exécuté, quand les Apprentifs se mariront pendant les trois années de leur apprentiſſage à d'autre qu'à des filles de Maiſtres Merciers, leſquels Apprentifs en épouſant les filles de Maiſtre gagneront la franchiſe de Maîtriſe par leurſdits Mariages; &c. Donné en Parlement le 27 Février 1679. Par la Chambre,

Signé, DUFRANC.

EXTRAIT DE L'ARREST DE LA Cour du 22 Juin 1691 rendu ſur production des Parties entre les Maiſtres & Gardes des Marchands Merciers, Groſſiers, Jouailliers à Paris, oppoſans à l'enregiſtrement des Lettres Patentes & Statuts obtenues par les Cardeurs, Peigneurs, Arſonneurs de laine & coton, Drapiers drapans, Coupeurs de poil, & Fileurs de laine de cette Ville, d'une part; leſdits Maiſtres Cardeurs, d'autre part; & les Maiſtres & Gardes de la Draperie, auſſi oppoſans auſdits Statuts, encore d'autre part.

Du 22 Juin 1691.

LA Cour ayant aucunement égard aux oppoſitions deſdits Merciers & Drapiers, ordonne que les Lettres Patentes obtenues par leſdits Cardeurs, ſeront regiſtrées au Greffe de la Cour pour être exécutées, à la charge que leſdits Cardeurs ne pourront prendre la qualité de Maiſtres & Gardes: pourquoi ſeulement leſdits Cardeurs prendre la qualité de Jurez Drapiers drapans, & vendre les marchandiſes façonnées dans leurs Maiſons & Boutiques, tant par Arrêt contre les Cardeurs du 22 Juin 1691.

eux que leurs Domeſtiques & Apprentiſs;à la charge de ne vendre qu'en gros & non en détail les Draps & Etoffes de laine qu'ils auront fabriquez ſuivant les offres portées par leur Requête du 13 Juillet 1690. Pourront auſſi leſdits Cardeurs faire venir en cette Ville de Paris, les marchandiſes propres à être façonnées & employées à leur mêtier, pour être partagées entr'eux, ainſi qu'il eſt reglé par leurs Statuts, après qu'elles auront été portées au Bureau des Marchands Merciers pour être viſitées, ſans que leſdits Cardeurs puiſſent aller au-devant de celles qui ſeront apportées en cette Ville par les Marchands Forains; dépens compenſés. Fait en Parlement le 22 Juin 1691. Signé par collation, DU TILLET, avec paraphe.

EXTRAIT DE L'ARREST DE LA Cour, rendu sur production des Parties le 23 Décembre 1697. entre les Maistres & Gardes de la Draperie, d'une part; François Fournerat Marchand Fripier, les Syndics, Jurez & Communauté des Marchands Fripiers à Paris, défendeurs d'autre; & les Maistres & Gardes du Corps des Marchands Merciers de cette Ville de Paris, encore d'autre.

NOstredite Cour, faisant droit sur le tout, sans s'arrêter à la Requeste desdits Drapiers du 30 Août 1697. ayant égard à la Requeste desdits Merciers, ordonne que l'Arrêt du six Février 1616. sera exécuté selon sa forme & teneur; & conformément à icelui, fait défenses a tous Fripiers d'avoir en leurs Maisons & Boutiques aucunes pieces d'étoffes entieres, mais seulement des morceaux, dont les plus longs ne seront que de cinq aulnes, à peine de confiscation; & sur l'appel dudit Fournerat, a mis & met l'appellation au néant; ordonne que la main-levée provisoire faite audit Fournerat par Arrest du 5 Juillet 1690. demeurera diffinitive; donne Acte ausdits Drapiers de leur Déclaration portée par Requête du 19 Décembre présent mois, qu'ils ne prétendent faire aucune Visite sur lesdits Fripiers, ordonne qu'en cas de contravention par lesdits Fripiers à l'exécution du présent Arrest, les Marchands Drapiers & Merciers se pourvoyeront par Requête devant le Lieutenant General de Police, pour obtenir de lui permission de saisir

Arrest contre les Fripiers du 23 Décembre 1697.

en présence de l'un des Commissaires du Châtelet, qu'il commettra sur ladite Requeste, dans laquelle ils seront tenus de nommer le contrevenant ou les contrevenans, & sur le surplus des demandes, fins & conclusions des Parties, les a mis hors de Cour & de Procès; condamne ledit Fournerat en l'amende de douze livres, & lesdits Jurez Fripiers & Fournerat aux deux tiers des dépens envers lesdits Drapiers & Merciers, chacun à leur égard, l'autre tiers compensé. Donné en Parlement le 23 Décembre 1697. Collationné, Signé, DU TILLET.

EXTRAIT DE L'ARREST DE LA Cour, rendu sur production le 26 Avril 1700 entre les Maistres & Gardes du Corps des Marchands Merciers, Grossiers & Jouailliers de Paris, appellans d'une part; Estienne Hortault, Maistre Peignier-Tabletier à Paris, & les Jurés de la Communauté des Maistres Peigniers-Tabletiers, Intimés, d'autre.

Arrest contre les Tabletiers du 26 Avr. 1700.

LA Cour, sans s'arrêter à la Requête de la Communauté des Tabletiers du 6 Aoust 1699. a mis & met l'appellation & ce dont a été appellé au néant; émandant, ordonne que les Sentences du Lieutenant Général de Police du Châtelet, des sept Décembre 1677. 17 Janvier 1679 & 18 May 1691. seront exécutées: Ce faisant fait défenses ausdits Tabletiers de vendre aucunes Cannes d'Inde brutes, garnies d'aucunes pommes, colliers, plaques, chaînes d'or, argent, acier, cuivre, ni d'aucun autre métal, tant en gros qu'en détail; permet néanmoins ausdits Tabletiers, en conséquence des conclusions prises par les Merciers, de vendre des cannes rappées, tournées, fabriquées de leurs mains, garnies de pommes ou becs d'yvoire & bois sans aucun enjolivement, & néanmoins fait main-levée audit Hortault de la saisie de ses marchandises, fait à la Requeste desdits Marchands Merciers, par le Procès verbal du Commissaire le Maistre, du quatre Juin 1697. le tout sans tirer à conséquence en autre cause; condamne la Communauté desdits Tabletiers & ledit Hortault au tiers des dépens, tant des causes principale que d'appel, les deux autres tiers compensés. Fait en Parlement le 26 Avril 1700. Collationné,

Signé, **DU TILLET.**

EXTRAIT DE L'ARREST DE LA Cour, rendu sur production le 23 Juin 1662. entre Nicolas du Tard, Marchand Mercier à Paris, Appellant d'une part; les Jurés Selliers, Lormiers, Carossiers, & les Jurés Charons de Paris, intimés, d'autre; Pierre Courtier, Pierre & Gilles Dufour, & autres Marchands Merciers, Intervenans; & les Maistres & Gardes du Corps des Marchands Merciers, Grossiers, Joüailliers de Paris, Demandeurs en Requeste d'intervention, encore d'autre.

DIT a été que la Cour faisant droit sur le tout, en tant que touche les appellations des Sentences du Châtelet, & avis du Substitut du Procureur [illegible]

General du Roi au même Siége, a mis & met lesdites appellations, & ce dont a été appellé au néant; émandant, ayant égard à l'intervention desdits Maistres & Gardes de la Mercerie, a maintenu & gardé, maintient & garde tous Marchands Merciers de cette Ville de Paris, au droit & en la possession d'acheter de toutes personnes, & vendre à toutes autres indifféremment, même d'échanger tous Carosses tant vieux que neufs faits à Paris ou ailleurs, les dépecer & vendre par morceaux ou entiers, si bon leur semble, sans néanmoins qu'ils en puissent faire eux-mêmes, en faire faire par aucuns compagnons, ni même les raccommoder. Fait défenses ausdits Selliers & Charons de les y troubler, & en conséquence mainlevée ausdits Dufour & du Tard, des Carosses sur eux saisis, à la représentation les Gardiens contraints comme dépositaires, ce faisant eux & les cautions de ceux ci-devant rendus, déchargés; & sur l'appel dudit Dufour de ladite Sentence des Requestes du Palais, les Parties hors de Cour; & néanmoins a liquidé les dommages & intérests adjugez par icelle, à seize livres parisis, sauf audit Dufour son recours contre lesdits Selliers, ainsi qu'il verra bon être, défenses au contraire sans dépens; condamne néanmoins ledit Dufour en l'amende de 12 livres. Prononcé le 23 Juin 1662. Collationné, Signé, DU TILLET.

EXTRAIT DE L'ARREST DE LA Cour, rendu sur production le neuf Juillet 1672. entre Jean Prévôt, Marchand Mercier, Grossier, Jouaillier de cette Ville de Paris, Appellant d'une part; & les Jurez de la Communauté des Maistres Plombiers-Fontainiers de cette Ville de Paris, Intimés, d'autre; & les Maistres & Gardes du Corps des Marchands Merciers, Grossiers, Jouailliers de cette Ville, opposans à l'exécution & enregistrement des Statuts obtenus par lesdits Plombiers, encore d'autre.

LA Cour, faisant droit sur le tout, a mis & met les appellations, & ce dont a été appellé au néant; émandant, a reçû & reçoit lesdits Maistres & Gardes du Corps des Marchands Merciers, opposans à l'exécution de l'Arrest d'enregistrement des Statuts desdits Jurés Plombiers du premier Mars 1660. faisant droit sur ladite opposition, fait main-levée audit Prévôt du Plomb sur lui saisi; fait défenses ausdits Plombiers, de plus troubler ledit Prevôt, & autres Marchands Merciers de cette Ville, en l'achat & vente de Plomb tant vieil que neuf; enjoint néanmoins ausdits Marchands Merciers, Grossiers, Jouailliers, & pareillement ausdits Plombiers, de tenir Registre des noms, surnoms, qualités & demeures de ceux desquels ils achetent du Plomb vieil. Condamne lesdits Jurez Plombiers en la moitié des dépens, tant des causes principale que d'appel, l'autre moitié compensée. Fait en Parlement le neuf Juillet 1672. Collationné avec paraphe.

Arrest contre les Plombiers du 9 Juillet 1672.

EXTRAIT DE L'ARREST DE LA Cour du Parlement de Paris, rendu au profit du Corps de la Mercerie, contre les Jurés & Communauté des Plombiers, appellans de trois Sentences de la Chambre de Police du Châtelet de Paris.

Arrêt contre les Plombiers du 23 Août 1745.

LA premiere du 24 Octobre 1698. entre les Plombiers de Paris, saisissants Vasse Marchand Mercier, Partie saisie, & les Maîtres & Gardes du Corps de la Mercerie, intervenans.

Par laquelle faisant droit au Principal, les Gardes Merciers sont reçus Parties intervenantes, & en conséquence il est fait main-levée audit Vasse des 12 Tables de Plomb sur lui saisies; & au surplus les Marchands Merciers, maintenus dans la possession de vendre & débiter du Plomb vieux & neuf, même en Tables; défenses à eux cependant d'en fabriquer ou faire fabriquer, si ce n'est au loin.

La seconde du 5 Juillet 1726. par défaut contre les Jurés Plombiers saisissants, au profit de François Boulanger, Marchand Mercier, Partie saisie, & des Gardes Merciers, intervenans.

Par laquelle les Gardes Merciers sont reçus Parties intervenantes, est ordonné que l'Arrêt du 29 Juillet 1672. sera exécuté; en conséquence la saisie des Plombs en question est déclarée nulle, les choses saisies restituées audit Boulanger avec dépens, dommages & intérêts; est fait défenses aux Plombiers de contrevenir audit Arrêt, à peine, &c. Les Plombiers condamnés aux dépens.

La troisiéme du 8 Février 1737. entre les Jurés des Plombiers saisissans, Philibert Fattoud Marchand Mercier Partie saisie & plusieurs Plombiers intervenans.

Par laquelle, sans avoir égard à l'intervention des Particuliers Plombiers, main-levée pleine & entiere est faite audit Fattoud des Marchandises de Plomb sur lui saisies dont est question, lesquelles lui seront rendues; les Jurés Plombiers condamnés en 200 liv. de dommages & intérêts, & en tous les dépens.

Sur lesquels appels & demandes respectives des Parties, la Cour faisant droit sur le tout, en tant que touche l'appel interjetté par lesdits Jurés & Communauté des Maîtres Plombiers Fontainiers de cette Ville de Paris, desdites Sentences des 24 Octobre 1698, 5 Juillet 1726, & 8 Février 1737, a mis & met les appellations au néant, ordonne que ce dont a été appellé, sortira son plein & entier effet; condamne lesdits Principal Jurés & Communauté des Plombiers, ès amendes de 12 liv. en conséquence, condamne lesdits Jurés & Communauté, à rendre & restituer audit François Boulanger, si fait n'a été, les 137 liv. de vieux Plomb saisis, ordonne que les articles 25 & 37 des Statuts desdits Maîtres Plombiers, ensemble l'Arrêt de Reglement, du 6 Septembre 1727, seront exécutées à l'égard des Marchands Merciers, relativement aux dispositions de l'Arrêt du 29. Juillet 1672, lequel sera pareillement exécuté selon sa forme & teneur; en conséquence, maintient & garde lesdits Marchands Merciers, au droit & possession de l'achapt, vente & débit du Plomb, tant vieux que neuf, même en table; fait défenses ausdits Maîtres Plombiers de les y troubler : enjoint tant ausdits Marchands Merciers, qu'ausdits Maîtres Plombiers, de tenir des Registres exacts qui seront paraphés par premier & dernier, & sans frais, par le Lieutenant Général de Police, ou un Commissaire par lui commis, & signés sur le premier & dernier feuillet, avec la date du jour auquel ils auront été signés & paraphés, dans lesquels Registres seront inscrits jour à jour, & de suite, & sans aucun blanc, les achapts & ventes qu'ils feront de ladite Marchandise de Plomb, même les noms, surnoms, qualités & demeures de ceux desquels ils acheteront du vieux Plomb, à peine de confiscation des Plombs qui ne seront ainsi registrés; ensemble de 100 liv. d'amende pour la premiere contravention, & de déchéance du Commerce & de la Maîtrise en cas de récidive,& même de punition corporelle s'il échoit; & sur l'appel pareillement interjetté par lesdits Jurés & Communauté des Plombiers, de la saisie & exécution du 15 Mars 1730, a mis & met l'appellation & ce dont a été appellé, au néant: émandant, déclare nulle ladite saisie & exécution, ordonne que la main-levée provisoire qui en a été faite par l'Arrêt du 5 Septembre 1731, demeurera définitive; ordonne en outre que le présent Arrêt sera inscrit sur les Registres du Corps des Marchands Merciers, & de la Communauté des Plombiers; sur le surplus de toutes les autres demandes, fins & conclusions, met les Parties hors de Cour; condamne lesdits Jurés & Communauté des Maîtres Plombiers, aux cinq sixiémes de tous les dépens des causes d'appel & demandes envers ledit Boulanger, l'autre sixiéme compensé; condamne en outre lesdits Jurés & Communauté en la totalité des dépens des causes d'appel, intervention & demandes envers ledit Fatroud, & les Maîtres & Gardes des Marchands Merciers. Mandons mettre ce présent Arrêt à exécution selon sa forme & teneur : de ce faire te donnons plein & absolu pouvoir. DONNE' en notredite Cour de Parlement, le 23 Août, l'An de grace 1745. & de notre regne le trentiéme.

Collationné LESEIGNEUR,

Par la Chambre DUFRANC.

EXTRAIT DE L'ARREST DE LA Cour, rendu sur production le 29 Avril 1670. entre Jacques le Gendre, Marchand Mercier à Paris, Appellant, d'une part; les Jurés-Menuisiers de cette Ville de Paris, Intimés, d'autre; & les Maistres & Gardes de la Marchandise de Mercerie de cette Ville de Paris, intervenans, encore d'autre.

DIT a été, que ladite Cour en tant que touche les appellations desdits le Gendre & Maistres & Gardes de la Mercerie, a mis & met lesdites appellations; & ce dont a été appellé au néant; sans amende; émandant & ayant aucunement égard à l'intervention & opposition desdits Maistres & Gardes de la Mercerie, a fait main-levée audit le Gendre des

Arrest contre les Menuisiers du 9 Août 1670.

choſes ſur lui ſaiſies, qui lui ſeront rendues, ſi fait n'a été ; à ce faire les gardiens & dépoſitaires contraints par toutes voyes dûes & raiſonnables, même par corps, ce faiſant déchargés ; Fait défenſes auſdits Jurés Menuiſiers de troubler les Marchands Merciers en la liberté de vendre toutes ſortes d'Ouvrages de Menuiſeries ſervant de meubles, à la charge que leſdits Marchands Merciers ſeront tenus les acheter & faire faire en cette Ville & Fauxbourgs par les Maiſtres dudit Meſtier, ſans qu'ils en puiſſent faire eux-mêmes, ni en faire faire par aucuns Compagnons, chez leſquels Maiſtres les Jurés du Meſtier pourront les viſiter, & ſans qu'ils puiſſent les aller viſiter dans les Maiſons, Boutiques & Magazins deſdits Marchands Merciers ; & ſur le ſurplus des demandes des Maîtres & Gardes de la Mercerie ; enſemble ſur l'appel des Jurés Menuiſiers des Sentences des 20 & 31 Décembre 1661. les Parties hors de Cour & de Procès, dépens compenſés. Fait en Parlement le 29 Avril 1670. Collationné, Signé, DU TILLET.

EXTRAIT DE L'ARREST DE LA Cour du 12 Août 1707. rendu entre Claude Cheret, Marchand Mercier, les Maiſtres & Gardes de la Mercerie, Damoiſelle Charlotte-Chriſtine de Melun, & les Jurez & Communauté des Maiſtres Menuiſiers.

Arreſt contre les Menuiſiers du 12 Août 1707.

QUI déclare nulle la ſaiſie faite à la Requête des Jurés Menuiſiers ſur ladite de Melun, d'une armoire à elle vendue par ledit Cheret, en fait main-levée ; Ordonne que l'Arrêt du 29 Avril 1670. sera exécutée selon sa forme & teneur ; fait défenses ausdits Jurés Menuisiers de troubler les Marchands Merciers, en la liberté de vendre toutes sortes d'Ouvrages servans de meubles ; à la charge que lesdits Marchands Merciers seront tenus de les acheter, & faire faire en la ville & Fauxbourgs de Paris, par les Maîtres Menuisiers, chez lesquels Maîtres Menuisiers lesdits Jurés pourront visiter lesdits Ouvrages, sans qu'ils puissent les aller visiter & saisir dans les maisons, boutiques & magazins des Marchands Merciers, ni même lorsque lesdits Ouvrages seront conduits chez lesdits Merciers, ou lorsqu'ils seront transportés de chez les Merciers, à peine de 100 livres d'amende, & de tous dépens, dommages & intérêts, sauf aux particuliers qui auront acheté lesdites marchandises, & qui les prétendront être défectueuses, de les faire porter au Bureau des Maîtres & Gardes de la Mercerie, pour y être visitée en la maniere ordinaire.

EXTRAIT de l'Arrêt de la Cour du Parlement.

Du 20 Janvier 1749.

ENTRE *les Maîtres & Gardes du Corps des Marchands Merciers, Grossiers & Joüailliers de la Ville de Paris.*

ET les Jurés & Communauté des Maîtres Menuisiers-Ebénistes de la même Ville

Qui maintient & garde les Marchands Merciers dans leurs droits, facultés & possession de faire leur Commerce de

toutes ſortes d'Ouvrages & Marchandiſes de Menuiſerie & Ebéniſterie à toutes marques & ſans marques, ſans pouvoir y être troublés par les Menuiſiers, ni qu'ils puiſſent ſaiſir & arrêter les Ouvrages qui ſortiront de chez les Merciers & de leurs boutiques, ou qui y ſeront conduits; & qui permet aux Menuiſiers de faire des viſites chez leſdits Merciers, en cas de contravention notable, en vertu d'une permiſſion du ſieur Lieutenant Général de Police, obtenue ſur Requête, contenant la nature de la contravention, le nom & la demeure des Merciers qui en ſont prévenus.

Arreſt contre les Menuiſiers du 20 Janvier 1749.

LA Cour faiſant droit ſur le tout donne acte aux Jurés de la Communauté des Maîtres Menuiſiers-Ebéniſtes de leur Déclaration portée par Requête du 15 Février 1746, que par le droit de viſite inſeré ès Articles XXXII. & XL. de leurs nouveaux Statuts, ils n'ont jamais entendu faire les viſites chez les Marchands Merciers, comme ils les font chez les Maîtres de leur Communauté; mais ſeulement dans les cas où les Merciers commettroient quelques contraventions par rapport aux Ouvrages de leur Profeſſion, en obſervant les formalités preſcrites par ledit Article XL. Comme auſſi donne acte aux Maîtres & Gardes du Corps des Marchands Merciers des Déclarations faites en l'Inſtance par leſdits Maîtres Menuiſiers par leurs contredits du 22 Décembre 1746, & nommément ſur l'Article XIII. deſdits Statuts, qu'ils ne prétendent pas dire & ſoutenir qu'aucun Maître Menuiſier ait le droit de tenir Magaſin, ni faire commerce d'autres Ouvrages, que de ceux fabriqués en ſon Attelier par lui, ses Serviteurs & Apprentifs ; ce faisant ayant aucunement égard aux oppositions & demandes desdits Maîtres & Gardes du Corps des Marchands Merciers concernant les Articles XII. XIII XXXIV. XL. & LXV. des nouveaux Statuts desdits Maîtres Menuisiers du mois de Décembre 1743, maintient & garde lesdits Marchands Merciers dans leurs droits, facultés & possession de faire Commerce de tous Ouvrages & Marchandises de Menuiserie à toutes marques & sans marques, même d'en faire venir de dehors la Ville, & de tous pays étrangers indistinctement, finies ou non finies‘ telles qu'elles peuvent s'envoyer de dehors, sans que sous prétexte du contenu èsdits Articles ou autres, & des expressions y inserées, lesdits Menuisiers puissent troubler lesdits Marchands Merciers dans leur Commerce, ni qu'ils puissent saisir & arrêter les Ouvrages qui sortiront de chez lesdits Marchands Merciers, & de leurs Boutiques & Magasins, ou qui y seront conduits ; pourront cependant lesdits Menuisiers faire des visites chez les Marchands Merciers en vertu de permission du Lieutenant de Police, & assistance d'un Commissaire, en présence de l'un des Maîtres & Gardes du Corps de la Mercerie, ou duement appellé en leur Bureau, dans le cas seulement de contravention notable, dont la nature de la contravention, ensemble les noms & demeures de ceux des Marchands qui en seront prévenus seront expressement désignés dans les Requêtes qui à cet effet seront présentées au Lieutenant de Police pour en obtenir sa permission; autorise lesdits Menuisiers à marquer tous les Ouvrages qui se feront chez eux, sans que pour ce lesdits Marchands Merciers soient astraints à ne vendre & débiter que des Ouvrages marqués, ni que lesdits Menuisiers puissent aller en visite chez lesdits Marchands Merciers, ni faire sur eux aucune saisie, que dans le cas seulement d'une contravention notable, comme il est dit ci-dessus; sur le surplus des oppositions & demandes desdits Marchands Merciers, met les Parties hors de Cour; condamne lesdits Menuisiers aux deux tiers de tous les dépens envers lesdits Marchands Merciers, l'autre tiers compensé. FAIT en Parlement le 20 Janvier l'an de grace 1749. Et de notre Regne le trente-quatriéme. Collationné, LANGELÉ. Par la Chambre, DU FRANC.

EXTRAIT DE L'ARREST DE LA Cour, rendu sur production le 11 Juillet 1687. entre Alexis Bernard, Marchand Mercier, Grossier, Jouaillier à Paris, Appellant; les Maistres & Gardes Epiciers & Apoticaires de cette Ville, Intimés, d'autre; & les Maistres & Gardes du Corps des Marchands Merciers, Grossiers, Jouailliers de cette Ville de Paris, Intervenans, encore d'autre.

Arrest contre les Epiciers pour les Huiles, du 11 Juillet 1687.

NOstredite Cour, faisant droit sur le tout, ayant égard à l'intervention des Maistres & Gardes de la Mercerie, & Requeste de Bernard du six Septembre 1683. sans s'arrêter aux oppositions des Maistres & Gardes Epiciers, aux Arrests des 31 Juillet & trois Aoust audit an, faisant droit sur les appellations interjettées par ledit Bernard, a mis & met lesdites appellations, & ce dont a été appellé, au néant; émandant, fait main-levée audit Bernard des Huiles sur lui saisies; ce faisant, permet aux Merciers d'en vendre douze livres & au-dessus, même d'en donner des essais dans une mesure qui sera étalonnée par le Procureur du Roi au Châtelet; leur fait défenses d'en vendre au-dessous desdites douze livres, à peine de confiscation & de cinq cens livres d'amende: Pourront néanmoins lesdits Merciers vendre & débiter jusqu'au dernier Décembre prochain seulement, les Huiles qu'ils ont présentement dans leurs caves & magazins à moindre quantité. Ordonne que les Huiles qui seront apportées en cette Ville, seront vûes & visitées en présence du Doyen de la Faculté de Medecine & deux Medecins de la même Faculté, qui seront commis par chacun an, à laquelle visite assisteront deux Maistres Merciers & deux Maistres Apoticaire, suivant & conformément à l'Arrest du 20 Janvier mil six cens soixante-onze; dépens compensés. Si te mandons, à la Requête desdits Merciers, signifier & mettre le présent Arrest a dûë & entiere exécution selon sa forme & teneur; de ce faire te donnons pouvoir. Donné à Paris en nostre Cour de Parlement le onziéme jour de Juillet, l'an de grace mil six cens quatre vingt-sept, & de nostre Regne le quarante-cinquiéme. Collationné par AUMONT, Signé par la Chambre, DONGOIS.

EXTRAIT DES REGISTRES de Parlement.

Arrêt contre les Epiciers & Apoticaires du 28 Janvier 1690.

ENtre Charles Dulac & Jean Vernezobre, Marchands Merciers, Jouailliers de cette Ville de Paris, appellans de Sentence rendue par le Lieutenant Général de Police, le dix-huit Novembre mil six cens quatre-vingt-neuf, par laquelle les saisies de onze petites Bouteilles d'Eau Impériale, huit bouteilles d'Eau de Canelle, cinq Bouteilles de Sirop de Capillaire, huit Bouteilles de Sirop de Grenades, & une Bouteille d'Eau de Thin, faite sur ledit Vernezobre : Et une autre saisie faite sur ledit Dulac, de vingt-neuf Bouteilles de Sirop de Grenades, sont déclarées bonnes & valables; est ordonné que lesdites Bouteilles d'Eau & de Sirop saisies, seront vendues au Bureau des Intimés ci-après nommés; & pour cette fois seulement les deniers rendus aux Appellans, & défenses à eux d'entreprendre sur la Profession des Apoticaires, & de vendre & débiter desdites Eaux & Sirops, sous plus grandes peines; qu'à la représentation des choses saisies, les Gardiens seroient contraints; ce faisant déchargés, & les Appellans condamnés aux dépens : Et demandeurs en Requête du 2 Janvier présent mois, à ce qu'en prononçant sur l'appel de ladite Sentence, l'appellation & ce dont a été appellé fussent mis au néant; émandant que les saisies faites sur les Appellans, de Sirops de Capilaire & Grenades, & Eaux distillées dont est question,

tion, fussent déclarées nulles & injurieuses; en faire pleine & entiere main-levée aux Appellans, faire défenses aux Intimés de faire aucune visite sur les Merciers, des drogues entrant au corps humain, que conformément à l'Arrest du vingt Janvier 1571. & condamner les Intimés aux dommages & intérests des Appellans, & aux dépens des causes principale & d'appel, d'une part: & les Maistres & Gardes des Marchands Apoticaires-Epiciers, & Epiciers de cette Ville de Paris, Intimés & Défendeurs d'autre, sans que les qualités puissent préjudicier aux Parties: Après que Robert pour les Merciers, & Tuffier pour les Epiciers ont été oüis, ensemble Talon pour le Procureur Général du Roy; LA COUR a mis & met l'appellation & ce dont a été appellé au néant; émandant, fait main-levée des choses saisies, après qu'elles auront été visitées, conformément à l'Arrest de 1571. qu'à l'avenir, lorsque les Marchands Merciers feront venir de pareilles Marchandises, elles seront portées au Bureau pour y être visitées conformément audit Arrest; & à la charge que les Merciers n'en pourront vendre que des Bouteilles entieres. FAIT en Parlement le dix-huit Janvier mil six cens quatre-vingt-dix. Collationné, avec paraphe.

Signé, DU TILLET.

EXTRAIT DES REGISTRES de Parlement.

ENtre Jean Bourdon Marchand Mercier, Grossier, Jouaillier de cette Ville de Paris, appel- Arrest contre les Fourbisseurs du 1 Aoust 1696.

S

ſant d'une Sentence rendue par le Lieutenant Général de Police du Châtelet de Paris, le 5 Juin dernier, par laquelle la ſaiſie faite à la Requeſte des Intimés ci-après nommés, ſur l'appellant, d'une épée, eſt déclarée valable ; ce faiſant ladite épée confiſquée au profit deſdits Intimés, & condamné aux dépens, d'une part; & les Maiſtres Jurez de la Communauté des Fourbiſſeurs de cette Ville de Paris, Intimés d'autre part; & entre les Maiſtres & Gardes des Marchands Merciers, Groſſiers, Jouailliers de cette Ville de Paris, demandeurs en Requeſte du 27 Juillet dernier, à ce qu'ils fuſſent reçûs parties intervenantes en la cauſe d'appel ci-deſſus : faiſant droit ſur l'intervention en infirmant ladite Sentence, maintenir & garder les Maiſtres & Gardes, & tous les Particuliers du Corps de la Mercerie, dans la poſſeſſion & le droit de vendre & acheter toutes ſortes de marchandiſes, épées, couteaux & autres de toutes eſpeces, pays & façons conformément à leurs Statuts ; faire défenſes aux Jurez Fourbiſſeurs & à tous autres d'entreprendre aucune viſite, ni ſaiſie ſur les Marchands Merciers, & les condamner aux dépens, d'une part; & leſdits Jurez & Communauté des Maiſtres Fourbiſſeurs de Paris, défendeurs, d'autre part; ſans que les qualités puiſſent préjudicier aux Parties. Après que le Moine Avocat dudit Bourdon & des Maiſtres & Gardes de la Mercerie, & Triboulet Avocat des Fourbiſſeurs, ont été oüis, enſemble de Harlay pour le Procureur Général du Roy ; LA COUR ordonne que l'appointement ſera reçû, ce faiſant, reçoit les Maîtres & Gardes des Merciers parties intervenantes ;

faiſant droit ſur l'appel, a mis & met l'appellation, & ce dont a été appellé au néant; émandant, fait main-levée à Bourdon de l'épée en queſtion, à la reſtitution les dépoſitaires contraints par corps; ce faiſant déchargés, dépens compenſés. Fait en Parlement le premier Aouſt 1696. Collationné.

Signé, DU TILLET.

Le 18 Aouſt 1696. ſignifié à Maiſtre Deniſard, Procureur.

Signé, LANGLACÉ.

EXTRAIT DES REGISTRES de Parlement.

Arreſt contre les Pelletiers pour les Manchons du 15. Octobre 1682.

ENtre Martin Bourgeois, Marchand Mercier, Groſſier, Jouaillier à Paris, demandeur en Requeſte du 3 Octobre 1682. à ce que, ſans préjudice du droit des Parties au principal, il plût à la Cour ordonner que les marchandiſes de Pelleterie qui ſont ſur lui ſaiſies à la Requeſte des défendeurs, par exploit du 29 Octobre 1681. ſeront marquées des Maiſtres Pelletiers qui les lui ont vendues, & contre-marquées de la marque du Bureau, conformément à leurs offres; & qu'à l'égard de celles qui ont été achetées par le demandeur des Maiſtres Pelletiers de la Trinité, compriſes dans ladite ſaiſie, qu'elles ſeront marquées par leſdits défendeurs en leur Bureau dans huitaine, pour être débitées par le demandeur, ſinon & à faute de ce faire, qu'il lui ſera permis de les débiter en l'état qu'elles ſont, & en cas de conteſtation, condamner les conteſtans aux dépens, d'une part; &

les Maiſtres & Gardes de la Pelleterie, défendeurs, d'autre ; & ne pourront les qualités préjudicier, après que Dumont pour le demandeur, & Clement pour les défendeurs, ont été oüis : LA CHAMBRE ordonne que les Manchons ſaiſis ſur la partie de Dumont, lui ſeront rendus, pour être par lui vendus, iceux préalablement marqués des Maiſtres Pelletiers deſquels il les a achetés, & contre-marqués de la marque du Bureau de la Pelleterie, enſemble ceux qui ont été achetés des Marchands de la Trinité ; ce qu'ils ſeront tenus de faire dans huitaine, ſinon permis de les vendre en l'état qu'ils ſont. Fait en Vacation ce 15 Octobre 1682. Signé, par collation.

EXTRAIT DE L'ARREST DE LA *Cour, rendu ſur production le 16 Janvier 1699 entre les Maiſtres & Gardes du Corps des Marchands Merciess de cette Ville de Paris, Louis Yvelin & Louis Marnot, appellans d'une Sentence de Police du 8 Mars 1697. d'une part ; & les Maiſtres & Gardes du Corps des Marchands Pelletiers, Aubanniers, Foureurs de cette Ville de Paris, Intimés d'autre.*

Autre Arrêt contre les Pelletiers du 16 Janvier 1699.

LA Cour, faiſant droit ſur le tout en tant que touche l'appel interjetté par leſdits Merciers de la Sentence du Châtelet du huit Mars 1697. a mis & met l'appellation & ce dont a été appellé au néant, en ce que leſdits Yvelin & Marnot ont été condamnés en l'amende de ſix livres, & en vingt livres de dommages & intérêts envers les Maiſtres & Gardes de la Pelleterie, & en ce qu'il eſt ſeulement permis auſdits Merciers de vendre des marchandiſes de Pelleterie étrangeres, en gros, ſous balle & ſous corde; émandant quant à ce, décharge leſdits Yvelin & Marnot deſdites condamnations, d'amende & de dommages & intérêts, permet auſdits Merciers de vendre des Pelleteries étrangeres en gros, ſans qu'elles ſoient ſous balle & ſous corde, & pour ſçavoir quelle quantité de peaux ils pourront vendre en même tems, & avant faire droit ſur la Requeſte deſdits Merciers du 10 du préſent mois de Janvier, afin d'être maintenus & gardés en la poſſeſſion de vendre des marchandiſes de Pelleterie de France, ordonne que les Parties conteſteront plus amplement, & cependant par proviſion pourront les Merciers vendre deſdites marchandiſes de Pelleterie étrangeres, ſçavoir des Ours noirs & gris, Renards noirs, croiſés, Loups cerviers, Carcajoux, Renards rouges, blancs, Loutres, Loutreaux, Chats cerviers, Caribouts, Loups de Canada & Moſcovie, par quinze de même eſpece, les Martres zebelines & ſibires par demi timbre, les Hermines par trois timbres, les Rats muſqués par cent en deux paquets, les Veaux marins par cent, les Lievres blancs par cent en deux paquets, les Chiens d'Ecoſſe & d'Angleterre par cent, les Lievres & Lapins d'Angleterre, Hollande & Flandre, par cent, & pareillement par proviſion seront leſdits Marchands Merciers tenus d'avertir dans trois jours les Maiſtres & Gardes des Marchands Pelletiers à leur Bureau, de l'arrivée des marchandiſes de Pelleterie, pour ſçavoir ſi les Pelletiers en veulent acheter, & pendant les trois jours suivans;fait défenses aux Merciers de les vendre à d'autres qu'aux Pelletiers; & les trois jours passés permet ausdits Merciers de les vendre à ceux qui se présenteront pour les acheter; & en conséquence sur l'appel desdits Pelletiers de ladite Sentence, met les Parties hors de Cour, condamne lesdits Pelletiers en un tiers de dépens, les deux autres tiers reservés. Fait en Parlement le 16 Janvier 1699. Collationné, Signé, DU JARDIN.

Le 29 Janvier 1669. signifié à Maistre la Fouasse, Procureur. Signé, LE CLERC.

EXTRAIT DE L'ARREST DE LA *Cour, rendu sur production le 20 Août 1736. entre les Maîtres & Gardes du Corps des Marchands Merciers de cette Ville de Paris, d'une part, & les Maîtres & Gardes du Corps des Marchands Pelletiers, Aubanniers-Foureurs de la même Ville.*

Arrest contre les Pelletiers du 20 Août 1736.

LA Cour ordonne que l'Arrêt d'icelle du 16 Janvier 1699. sera exécuté, en ce qu'il permet aux Marchands Merciers de vendre des Pelleteries étrangeres en détail; permet aux Marchands Merciers de vendre aussi en détail des Peaux crues de France, brutes & non manufacturées; & pour regler quelle quantité de Peaux ils seront tenus de vendre ensemble, soit de Pelleteries étrangeres, soit de Pelleteries de France, ordonne que lesdits Maîtres & Gardes des Corps des Marchands Pelletiers & Merciers seront tenus de se retirer pardevant le Lieutenant Général de Police, & le Substitut du Procureur Général du Roi au Châtelet de Paris, pour donner leur avis, & icelui rapporté & communiqué au Procureur Général du Roi, être ordonné ce que de raison; & cependant que ce qui a été réglé par provision, pour la vente en détail des Pelleteries étrangeres seulement, par ledit Arrêt du 16 Janvier 1699, sera exécuté; condamne lesdits Maîtres & Gardes du Corps des Pelletiers, en la moitié des dépens de l'instance, &c. DONNÉ en Notredite Cour de Parlement le 20 Août 1736. *Collationné*, Signé, SANCEY; Par la Chambre, *Signé*, YSABEAU.

EXTRAIT DE L'ARREST DE LA Cour, rendu sur production le 19 Janvier 1697. entre Jacques Columb, Marchand Mercier à Paris, Appellant d'une Sentence de Police du dix Avril 1696. d'une part; les Jurés de la Communauté des Ouvriers en Bas de soye au métier, Intimés d'autre; & les Maistres & Gardes des Marchands Merciers, Grossiers, Joüailliers de cette Ville de Paris, Intervenans, encore d'autre.

LA Cour a reçû & reçoit les parties de le Moine, parties intervenantes, y faisant droit, & sur l'appel a mis & met l'appellation, & ce dont a été appellé au néant; émandant déclare la saisie nulle, en fait main-levée; ordonne que les marchandises confisquées seront rendues, à ce faire les dépositaires contraints, ce faisant déchargés; fait défenses aux

Arrest contre les Ouvriers en Bas de soye du 19 Jan. 1697.

parties d'Hervy de ſaiſir les Facteurs & Garçons des Marchands Merciers, ſans dommages & intérêts entre les parties, condamne les parties d'Hervy aux dépens. Fait en Parlement le 19 Janvier 1697.

Collationné, Signé, DU TILLET.

EXTRAIT DE L'ARREST DE LA Cour, rendu ſur production le 31 Mars 1699. entre Simon Richard, Jacques Boulanger & François Guerard, Marchands Merciers, Groſſiers, Joüailliers de cette Ville de Paris, Appellans d'une Sentence rendue par Monſieur le Lieutenant Genéral de Police le 15 Juin 1690. d'une part; les Maiſtres Jurés & Communauté des Papetiers-Colleurs, Intimés d'autre; & les Maîtres & Gardes du Corps des Marchands Merciers, Groſſiers, Joüailliers de Paris, Intervenans, encore d'autre.

Arreſt contre les Papetiers-Colleurs du 31 Mars 1699.

LA Cour, ſur l'appel de ladite Sentence du 15 Juin 1790. a mis & met l'appellation, & ce dont a été appellé au néant; émandant ſans s'arrêter aux Requêtes deſdits Papetiers-Colleurs, des 30 Décembre 1697. & douze Janvier 1699. ayant égard à l'intervention deſdits Marchands Merciers, Joüailliers, & à leur demande portée par Requête du 5 Janvier dernier, a enteriné l'avis deſdits du Houx, le Fevre, Aubouin & Muguet, Experts pour ce qui concerne les inſtrumens dont ſe ſervent leſdits Marchands Merciers, Joüailliers. Et en conſéquence permet auſdits

dits Merciers de se servir d'un marteau, une pierre, un couteau attaché sur son fust, une presse & un coursoir, pour parer & enjoliver leur papier, suivant l'Article XIV. de leurs Statuts, & sur le surplus des demandes des Parties; les a mises hors de Cour. Condamne lesdits Papetiers-Colleurs aux dépens, réservés par ledit Arrêt du dixiéme Mai 1698. & en ceux de la demande dudit jour cinquiéme Janvier 1699. Fait en Parlement le 30 Mars 1699. Collationné.

Signé, BERTHELOT.

ARREST DE LA COUR.

Par Arrest de la Cour, du 3 Mars 1691. rendu entre les Jurés Papetiers-Colleurs, Appellans d'une Sentence du 13 Février 1686. qui fait main-levée des marchandises de Papier & Cartons saisis sur Jean Adam & Jacques Thieu, Marchands Merciers, sous prétexte de visite, d'une part; lesdits Adam & Thieu, Intimés, & les Maistres & Gardes des Marchands Merciers, Intervenans.

APPERT l'Appellation avoir été mise au néant, & ordonné que ce dont a été appellé sortira son effet.

Autre Arrest contre les Papetiers-Colleurs du 3 Mars 1691.

EXTRAIT DE L'ARREST DE LA Cour, rendu sur production le 29. Janvier 1697. entre les Jurez de la Communauté des Maistres Tapissiers de cette Ville, Appellans d'une Sentence de Police du 22. Fevrier 1695. d'une part; Anselme Dansuicq, Marchand Mercier, Grossier & Jouaillier, Intimé d'autre; & les Maistres & Gardes du Corps des Marchands Merciers, Grossiers, Jouailliers de cette Ville de Paris, Intervenans, encore d'autre.

Arrest contre les Tapissiers du 29 Fevrier 1699.

LAdite Cour faisant droit sur le tout, a mis & met l'appellation au néant, ordonne que ce dont a été appellé sortira effet; condamne lesdits Tapissiers en une amende ordinaire de douze livres, & en consequence ayant égard à l'intervention & demande desdits Maistres & Gardes du Corps des Marchands Merciers de Paris, du 3. Mars 1695. fait défenses ausdits Jurez de la Communauté des Maîtres Tapissiers de Paris, de faire aucunes visites sur les marchandises qui sont & seront ès Boutiques & Magazins des Merciers de Paris, ou qui se trouveront à leur adresse & en chemin, pour y estre conduites, & les condamne en tous les dépens envers lesdits Merciers & Dansuicq. Fait en Parlement le 29. Janvier 1697. Collationné. Signé, BERTHELOT.

Le 12. Fevrier 1697. signifié & baillé copie à Maistres Blandin & N. Roux, Procureurs.

Signé, BOISSEAU.

SENTENCE DE MONSIEUR LE Lieutenant General de Police.

Par Sentence contradictoire renduë le 19 Fevrier 1700 contre les Jurez de la Communauté des Maistres Chapeliers, sur une saisie qu'ils avoient faite sur Jean Pouillot Marchand Mercier, d'un Tonneau de Chapeaux, sous prétexte de visite.

APPERT ladite saisie avoir été declarée nulle, & que la visite desdits Chapeaux sera faite par les Maistres & Gardes des Marchands Merciers en la maniere ordinaire, à l'effet de quoi ils seront transportez au Bureau de la Mercier.

Sentence contre les Chapeliers du 19. Février 1699.

EXTRAIT DE L'ARREST DE LA COUR,

Rendu sur production des Parties, entre les Jurez & Communauté des Maistres Chapeliers, Appellans de la Sentence ci-dessus, d'une part, & les Maistres & Gardes du Corps de la Mercerie, Intimés d'autre.

LA Cour a mis l'appellation au néant, ordonne que ce dont est appel sortira effet; fait defenses ausdits Jurez & Communauté des Maistres Chapeliers de troubler les Marchands Merciers en la possession en laquelle ils sont de faire venir en cette Ville, des autres Villes du Royaume & des Pays étrangers toutes sortes de Marchandises de

Chapeaux, & de faire aucune visite ni saisie sur lesdites marchandises ès maisons desdits Marchands Merciers, & de celles qui seront en chemin à leur adresse; condamne lesdits Jurez & Communauté des Maistres Chapeliers en l'amende de douze livres & aux dépens. Fait en Parlement le 11 Aoust 1706. collationné, Signé, par la Chambre,

DU TILLET.

SENTENCE DE MONSIEUR LE Lieutenant General de Police.

Sentence contre les Colporteurs & Hôtelliers du 13 Novembre *1699*.

A Tous ceux qui ces presentes Lettres verront, Charles Denys de Bullion, Chevalier, Marquis de Gallardon, & autres lieux, Prévost de Paris. Salut, sçavoir faisons, que sur la Requeste faite en jugement devant Nous en la Chambre de Police par Maistre Nicolas de Longueil, Procureur des Maistres & Gardes du Corps des Marchands Merciers, Grossiers, Jouailliers de cette Ville de Paris, demandeurs aux fins de la Requeste présentée le 12. Octobre dernier; Et aux fins du proces verbal du Commissaire le Maistre, du seize dudit mois d'Octobre, & exploit de saisie dudit jour fait en conséquence par le Camus, Sergent à Verge, controllé à Paris le dix-neuf par Pontaine, & présenté; tendant à ce que la saisie faite sur la veuve Crevelle cy-après nommée, trouvée colportant dans l'Hostellerie du Lion d'argent, soit déclarée bonne & valable, les marchandises saisies, consistantes en treize Busquieres d'argent fin, dix-huit autres Busquieres d'or & d'argent, trois autres d'or fin, treize tant or que d'argent faux ſur ſoye, dix-huit paires de Jarretieres fil & ſoye garnies de Rubans, cinq douzaines de Ceintures fil & ſoye, quatre douzaines de Porte-manchons fil & ſoye, & deux douzaines de Ceintures argent faux ſur ſoye, ſoient confiſquez avec amende & dépens, & que défenſes ſoient faites à ladite veuve Crevelle, & autres Tiſſutiers-Rubanniers, & ouvriers, de colporter leur marchandiſes dans les Hôtelleries & Auberges; comme auſſi à ce que défenſes ſoient faites à la veuve Chaſtelain Maiſtreſſe de ladite Hôtellerie cy-après nommée, & a tous autres Hoſtelliers & Aubergiſtes & gens tenans Chambre garnies, de vendre ni ſouffrir eſtre vendu, colporté & expoſé en vente en leurs maiſons, aucunnes marchandiſes par qui que ce puiſſe eſtre, ſoit Rubanniers, Boutonniers, ou autres Ouvriers, à peine de tous dépens, dommages & intereſts: Et encore demandeurs en exécution de noſtre Sentence du vingt-trois dudit mois d'Octobre dernier; & à la ſommation du jour d'hier, afin de rapport de ladite Sentence, pour en eſtre les qualitez reformées, & défendeurs à l'aſſignation à eux donnée le ſeptiéme du préſent mois, par Thomas, Sergent à Verge, à la Requeſte de ladite veuve Crevelle, en vertu de la Requeſte par elle à Nous préſentée, ſur laquelle aſſignation les parties ont comparu en nôtre Hôtel, où leſdites marchandiſes ont en leur préſence été viſitées par les Jurez Tiſſutiers-Rubanniers, au déſir de noſtredite Sentence du vingt-trois Octobre qui ont trouvé leſdites Buſquieres & Ceintures d'or & argent faux, eſtre tramées ſur ſoye, & les Jarretieres, Ceintures & Porte-manchons fil & ſoye, eſtre le tout défectueux, & en contravention aux Reglemens de Police, leſdits Maiſtres & Gardes aſſiſtez de Maiſtre Barbier leur Avocat, contre Maiſtre Pierre de Noinville Procureur de Marie Matté, veuve de Pierre Crevelle Maiſtre Tiſſutier-Rubannier à Paris, défendereſſe: Et Maiſtre Brigeon, Procureur de Marie Mabille, veuve de Jean Marin Châtelain, Hôteliere du Lion d'argent, auſſi défendereſſe. Parties oüies entre leſdits de Longueil & de Noinville, & par vertu du défaut de Nous donné contre ledit Brigeon non comparant, dûëment appellé. Lecture faite des pieces des parties, & de l'avenir pour plaider à ce jourd'hui, ſans que les qualitez puiſſent nuire ni préjudicier, NOUS ORDONNONS que les Sentences & Reglemens ſeront executés, & en conſéquence avons la ſaiſie en queſtion déclarée bonne & valable; & néanmoins ordonnons que les marchandiſes bonnes & loyales ſeront pour cette fois renduës à la partie de Noinville; Faiſons défenſes à ladite partie de Noinville, & à tous autres Tiſſutiers-Rubanniers, & autres Ouvriers, de colporter leurs marchandiſes dans les Hoſtelleries & Auberges de cette Ville, ſous les peines portées par leſdits Reglemens & Arreſts, ſans préjudice à eux de porter leurs marchandiſes, ou de les envoyer par leurs enfans & domeſtiques, lorſqu'ils ſeront expreſſement mandés par les particuliers qui en voudront acheter, ou de leurs ordres, auquel cas ſeront tenus de les porter cachées & envelopées, ſans les pouvoir montrer ni expoſer par les rues. Et ence qui concerne les

Ouvrages d'or & d'argent faux ſur ſoye, & de ceux de fil & ſoye qui ne ſont conformes aux Statuts & Reglemens, Ordonnons qu'ils ſeront auſſi rendus pour cette fois à ladite partie de Noinville, après que la qualité d'iceux aura été inſcrite & marquée ſur chaque Buſquiere & paquet d'Ouvrages, & l'avons condamnée aux dépens : Faiſons auſſi défenſes à ladite partie de Noinville & à tous autres Tiſſutiers-Rubanniers, d'expoſer en vente pareilles marchandiſes ni autres, dont la fabrique ne ſera pas conforme aux Statuts ni la qualité déſignée par une étiquette ou billet d'une écriture bien liſible, lequel ſera ſéparément attaché en tête, & au deſſus de chaque Ouvrage qui ſe vend à la piece, & ſur chaque paquet de marchandiſes à l'égard de celle qui ſe vende à la douzaine, & en cas de contravention, ſeront leſdits Ouvrages & marchandiſes confiſquez, & les contrevenans condamnez en trois cens livres d'amende. Avons donné défaut contre ledit Brigeon, & pour le profit le préſent Jugement declaré commun avec lui, & en conſéquence faiſons défenſes à la partie dudit Brigeon, & à tous autres Hôtelliers, Aubergiſtes, & gens tenans Chambres garnies, de ſouffrir qu'il ſoit colporté & expoſé en vente en leurs maiſons aucunes marchandiſes, ſoit par leſdits Rubanniers, Boutonniers ou autres, s'ils ne ſont mandez, nommément par les particuliers qui voudront acheter d'eux, & la condamnons aux dépens à ſon égard; & ſera la préſente Sentence inſerée dans les Regiſtres de la Communauté deſdits Tiſſutiers-Rubanniers, & affichée aux portes des Hoſtelleries, Auberges & Chambres garnies, à ce qu'aucun n'en ignore ; ce qui ſera exécuté ſans préjudice de l'appel, en témoin de ce Nous avons fait ſceller ces préſentes : Ce fut fait & donné par Meſſire Marc-René de Voyer de Paulmy d'Argenſon, Conſeiller du Roy en ſes Conſeils, Maiſtre des Requeſtes Ordinaire de ſon Hoſtel, & Lieutenant General de Police, tenant le Siege le Vendredy 13 Novembre 1699. Collationé. Signé, TARDIVEAU, Et ſcellé.

PAR ARREST DE LA COUR du 24 Avril 1700. rendu ſur l'appel de la Sentence cy-deſſus.

Arreſt contre les Colporteurs & Hôtelliers du 24 Avril 1700.

APPERT l'appellation avoir été miſe au néant, & ordonné que ce dont a été appellé ſortira effet.

SENTENCE contre les Colporteurs, Hoſtelliers, & autres perſonnes, portant défenſes de vendre aucunes Marchandiſes dans les Caffez, ni de les colporter dans les Maiſons à Paris, ſous les peines y portées.

Sentence contre les Colporteurs & Hôtelliers le 19. Février 1725.

A Tous ceux qui ces preſentes Lettres verront, Gabriel-Hierôme de Bullion, Chevalier Comte d'Eſclimont, Meſtre de Camp du Regiment de Provence Infanterie, Conſeiller du Roy en ſes Conſeils, Prevoſt de la Ville, Prevoſté & Vicomté de Paris : Salut, ſçavoir faiſons, que vû la Requeſte à Nous preſentée par les Maiſtres & Gardes du Corps des Marchands

chands Merciers, Groſſiers, Jouailliers à Paris ; contenant qu'encore que par les Statuts & Reglemens qu'il a plû au Roy d'accorder au Corps de la Mercerie, & verifiez en Parlement, & que par des Sentences & Reglemens par Nous rendus les vingt-ſix Février mil ſix cens ſoixante-neuf, dix Novembre mil ſix cens quatre-vingt-douze & autres ; il ſoit expreſſement deffendu à toutes perſonnes, Marchands & autres, de colporter dans les Boutiques, Maiſons & Hoſtelleries, ou ruës de Paris, & expoſer en vente en cette Ville & Fauxbourgs de Paris, aucunes Marchandiſes dépendantes du fait de la Mercerie, & même aux Marchands Merciers, de donner à vendre aucunes deſdites Marchandiſes à aucuns Colporteurs ni Revendeuſes, à peine de confiſcation : & par autre noſtre Sentence du treize Novembre mil ſix cens quatre-vingt-dix-neuf, confirmée par Arreſt du Parlement du vingt-quatre Avril mil ſept cens ; il ſoit auſſi fait déſenſes aux Tiſſutiers-Rubanniers, Boutonniers, & autres Ouvriers, de colporter leurs Marchandiſes dans les Hoſtelleries & Auberges de cette Ville, & à tous Hoſtelliers, Aubergiſtes & gens tenans chambres garnies, de ſouffrir qu'il ſoit porté & expoſé en vente en leurs maiſons aucunes Marchandiſes ; néanmoins au préjudice deſdits Reglemens, pluſieurs perſonnes ſans qualité ont pris l'habitude & ſe ſont ingerez de colporter dans les ruës, même ſe ſont aviſez de faire étaler dans les places publiques, ſur le Pont-Neuf & ailleurs, même en des Hoſtelleries & maiſons particulieres, où ils font porter toutes ſortes de Marchandiſes qu'ils vendent & expoſent en vente, & où le Public ſe trouve tous les jours trompé, en ce que ces perſonnes interpoſent des gens de leur cabale qui encheriſſent ſans jamais acheter, pour donner occaſion aux paſſans, qui ne connoiſſent pas la valeur de ces Marchandiſes, de ſur-encherir, & ſouvent ſe trouvent trompez, ſans ſçavoir à qui s'adreſſer; & même il arrive aſſez ſouvent, & par un inconvénient encore plus conſiderable, que ces ſortes de Marchandiſes ſont diverties & détournées, & qu'elles viennent par des mauvaiſes voyes ès mains des Colporteurs. De plus, on a remarqué aſſez fréquemment que des Garçons de Marchands qui voloient leurs Maiſtres, bailloient ces Marchandiſes à vil prix à ces ſortes de gens; de maniere qu'une perſonne qui quelquefois peut avoir acheté dans la bonne foi, ſe trouve expoſée à courir le riſque, faute de rencontrer pour ſon recours ceux qui ont colporté; ce qui n'arriveroit pas s'il y avoit plus de ſeverité à punir ces ſortes de Colporteurs, & empêcher les ventes feintes & ſimulées: qu'à cet abus il s'y en introduit encore d'autres, qui ne ſont pas moins néceſſaires à reprimer, qui procedent de ce que pluſieurs particuliers, ſoit Marchands ou non Marchands, étalent ou vendent en differens lieux dans Paris, toutes ſortes de Marchandiſes les jours de Fêtes & Dimanches, ce qui cauſe un ſcandale, & attire même des plaintes que les Supplians reçoivent dans leur Bureau, pour y apporter les remedes convenables; ce qui eſt même contraire, & fait préjudice à une Ordonnance de Sa Majeſté du deux Juin mil ſept cens vingt-un, publiée & affichée: & comme les abus augmentent continuellement, il s'en eſt encore introduit un nouveau depuis pluſieurs années dans les Caffez, où quantité de perſonnes exposent & vendent journellement toutes sortes de Marchandises défectueuses, la plûpart volées; ce qui non seulement interesse le Public, mais aussi fait un tort considerable aux Suplians, qui diminuë très-considerablement leur commerce. Pour à quoi parvenir avec l'autorité de la Justice, les Suplians requeroient qu'il nous plust en conformité des Statuts du Corps de la Mercerie, & Reglemens par nous cy-devant faits, & Sentences rendues, faire itératives défenses à toutes personnes, soit Marchands ou autres, de colporter aucunes Marchandises ès Maisons, Caffez, Boutiques, Hostelleries & Ruës de cette Ville de Paris, même de faire aucunes ventes, feintes ou simulées de Marchandises, ès Places & Marchez publics, ni ailleurs, & de vendre ou exposer en vente aucunes Marchandises ès jours de Fêtes & Dimanches, à peine de confiscation desdites Marchandises, & de telle amende qu'il nous plaira; & en cas qu'il se rencontre aucuns contrevenans à nos défenses, permettre auxdits Maîtres & Gardes de faire proceder par voye de saisie sur icelles, & d'assigner pardevant nous les contrevenans, pour en voir ordonner la confiscation, avec amende & dépens; & que la Sentence qu'il nous plaira rendre, sera publiée à son de trompe & cri public, & affichée dans tous les Carrefours, Marchez publics, & par tout ailleurs où besoin sera, à ce que nuls n'en ignorent. Notre Ordonnance étant au bas de ladite Requeste, portant qu'elle sera communiquée au Procureur du Roy, auquel le tout a été communiqué: NOUS ordonnons que les Statuts & Reglemens du Corps de la Mercerie de cette Ville de Paris, Arrêts & Sentences rendues en consequence, & notamment l'Ordonnance du Roy du 2 Juin mil ſept cens vingt-un, & les Sentences de Police des vingt-ſix Février mil ſix cens ſoixante-neuf, & dix Novembre mil ſix cens quatre-vingt douze, ſeront executées ſelon leur forme & teneur; & conformément à iceux, faiſons itératives défenſes à toutes perſonnes, ſoit Marchands ou autres de colporter aucunes Marchandiſes de Mercerie dans les Maiſons, Boutiques, Hôtelleries & Ruës de cette Ville de Paris; même de faire aucune vente feinte ou ſimulée deſdites Marchandiſes dans les Places & Marchez publics, ni ailleurs, & de vendre ou expoſer en vente aucunes Marchandiſes les jours de Fêtes & Dimanches, à peine de confiſcation deſdites Marchandiſes, & de trois cens livres d'amende contre chacun des contrevenans, même d'être procedé contr'eux extraordinairement. Enjoignons aux Maiſtres & Gardes du Corps des Marchands Merciers, de faire proceder par voye de ſaiſie deſdites Marchandiſes, même de faire aſſigner pardevant Nous les contrevenans pour en voir ordonner la confiſcation. Faiſons auſſi défenſes à tous Maiſtres Tiſſutiers-Rubanniers, Boutonniers & autres Ouvriers, de colporter leurs Marchandiſes dans les Maiſons, Hôtelleries, Auberges & Caffez, & à toutes perſonnes de quelque Mêtier & Profeſſion qu'elles puiſſent être, d'expoſer ni vendre dans leſdites Maiſons, Auberges, Hôtelleries & Caffez, aucunes ſortes de Marchandiſes, & aux Maiſtres deſdites Maiſons, Auberges, Caffez & Hôtelleries de les y ſouffrir, à peine de confiſcation deſdites Marchandiſes, & de cent livres d'amende, tant contre chacun des contrevenans, que contre leſdits vendeurs de Caffé, Aubergiſtes & Hôtelliers. Ordonnons que la présente Sentence sera à la Requeste & diligence des Maistres & Gardes du Corps de la Mercerie, imprimée, lûë, publiée à son de Trompe, & affichée dans tous les lieux & Carrefours accoûtumez de cette Ville, même dans les Places & Marchez publics, & par tout où besoin sera, & executée nonobstant oppositions ou appellations quelconques, & sans préjudice d'icelles. Ce fut fait & donné par Messire Nicolas-Jean-Baptiste Ravot, Chevalier, Seigneur d'Ombreval, Conseiller du Roy en ses Conseils, Maistre des Requestes ordinaire de son Hôtel, Conseiller d'honneur en sa Cour des Aydes, Lieutenant General de Police de la Ville, Prevosté & Vicomté de Paris, le 19 Février mil sept cens vingt-cinq.

L'Ordonnance ci-dessus a été lûë & publiée à haute & intelligible voix, à son de Trompe & cry public, en tous les lieux ordinaires & accoutumez, par moy Jean le Moyne, Huissier au Châtelet, & Jurez Crieur de la Ville, Prevôté & Vicomté de Paris, y demeurant ruë de la Tixerranderie, accompagné de Louis Ambezard, Nicolas Ambezard, & Claude Craponne, Jurez Trompettes, le 24 Mars 1725. à ce que personne n'en prétende cause d'ignorance : Et affiché ledits jour esdits lieux. Signé, LE MOYNE.

EXTRAIT *d'autre Sentence de Monsieur le Lieutenant General de Police contre les Colporteurs, Vendeurs de Caffez, Aubergistes, & Hostelliers, &c.*

Sentence contre les Colporteurs, Hôtelliers & vendeurs de Caffez &c. du 18 Aoust 1735.

NOUS disons que les Statuts & Reglemens du Corps de la Mercerie de cette Ville de Paris & notamment les Sentences de Police des vingt-six

Février mil ſix cens ſoixante-neuf, dix Novembre mil ſix cens quatre-ving-douze, treize Novembre mil ſix cens quatre-vingt-dix-neuf, Arrêt du Parlement confirmatif d'icelles du 24 Avril 1700. l'Ordonnance du Roy du deux Juin 1721. & la Sentence de Police du dix-neuf Février 1725. ſeront exécutez ſelon leur forme & teneur, & conformément à iceux; faiſons itératives deffenſes à toutes perſonnes ſoit Marchands ou autres de colporter aucunes Marchandiſes de Mercerie dans les Maiſons, Caffez, Boutiques, Hôtelleries & rues de cette Ville de Paris, même de faire aucune vente feinte ou ſimulée deſdites Marchandiſes dans les Places, Marchés publics ni ailleurs, & de vendre ou expoſer en vente aucune Marchandiſe les jours de Fêtes & Dimanches à peine de confiſcation deſdites Marchandiſes, & de trois cens liv. d'amende contre chacun des contrevenans, même d'être procedé contre eux extraordinairement; & en cas de contravention enjoignons aux Maîtres & Gardes du Corps des Marchands Merciers de faire proceder par voie de ſaiſie deſdites marchandiſes, même de faire aſſigner pardevant nous en la Chambre de Police les contrevenans, pour en voir ordonner la confiſcation; comme auſſi faiſons deffenſes à tous Maiſtres Tiſſutiers-Rubanniers, Boutonniers & autres Ouvriers de colporter leurs Marchandiſes dans les Maiſons, Hôtelleries, Auberges, Caffez, & à toutes perſonnes de quelque Métier & Profeſſion qu'elles puiſſent être, d'expoſer ni vendre dans leſdites Maiſons, Auberges, Hôtelleries & Caffez, aucunes ſortes de Marchandiſes, & aux Maîtres deſdites Maiſons, Auberges, Caffez & Hôtelleries de les y ſouffrir, à peine de confiſcation deſdites Marchandises & de cent livres d'amende, tant contre chacun des contrevenans, que contre lesdits vendeurs de Caffez, Aubergistes & Hôtelliers : & sera notre présente Sentence à la Requeste & diligence des Maîtres & Gardes du Corps de la Mercerie, imprimée, lûë, publiée à son de Trompe & affichée dans tous les lieux & carrefours accoûtumez de cette Ville de Paris, même dans les Places & Marchez publics & par tout où besoin sera, & exécutée nonobstant oppositions ou appellations quelconques & sans préjudice d'icelles : en témoin de ce nous avons fait sceller ces présentes. Ce fut fait & donné par nous Juge susdit, le vingt-huit Août mil sept cent trente-trois. Collationné, *Signé*, TARDIVEAU. Scellé le quatre Septembre mil sept cent trente-trois *Signé*, DOYARD.

EXTRAIT DE L'ARREST DU Parlement, rendu entre les Gardes des Six Corps des Marchands de Paris saisissans, & plusieurs Particuliers saisis, lesdits Gardes & Particuliers respectivement appellans de deux Sentences de Police des 27 Novembre 1733 & 29 Janvier 1734.

PAR lequel les saisies faites par les Maîtres & Gardes des Six Corps des Marchands dans l'Enclos S. Martin des Champs, sont déclarées bonnes & valables, & est fait défenses à tous Marchands, & autres personnes de quelque état & qualité qu'elles soient, d'exposer en vente, ni vendre même dans les Lieux prétendus privilegiez aucunes Marchandises les Dimanches & Fêtes annuelles & solemnelles.

Arrest concernant les Lieux P...

LA COUR faisant droit sur les appellations respectivement interjettées par les Parties, a mis

& met lesdites appellations & ce dont a été appellé au néant ; émendant, déclare les saisies faites sur les Parties de Milley bonnes & valables ; & néanmoins de grace pour cette fois seulement, & sans que le présent Arrest puisse tirer à consequence, ordonne que les Marchandises saisies sur les Parties de Milley leur seront rendues & restituées ; à ce faire les Parties de Regnard contraintes, quoi faisant, déchargez, dépens compensez. Faisant droit sur le Requisitoire de notre Procureur General, ordonne que les Ordonnances, Arrests & Reglemens seront executez selon leur forme & teneur ; en consequence fait défenses à tous Marchands & autres personnes de quelque éta & qualité qu'elles soient d'exposer en vente, ni vendre, même dans les lieux prétendus privilegiez, aucunes Marchandises les Dimanches & Fêtes annuelles & solemnelles ; ordonne que le present Arrest sera imprimé, lû, publié & affiché par tout où besoin sera. Mandons mettre le present Arrest à execution selon sa forme & teneur, de ce faire te donnons pouvoir. DONNE' en notredite Cour de Parlement le dix-huit Décembre, l'an de grace mil sept cent trente-quatre, & de notre Regne le vingtiéme. Collationné, DAUVERGNE. Par la Chambre, *signé*, DUFRANC.

L'Arrest ci-dessus a été lû & publié à haute & intelligible voix, à son de Trompe & Cri public, en tous les lieux ordinaires & accoutumez, notamment à S. Martin des Champs, à l'Abbaye de S. Germain des Prez, au Temple, à S. Jean de Latran, dans la rue de l'Oursine, à S. Marcel, & autres lieux prétendus priviligiez de cette Ville

Ville de Paris, par moi Amé-Richard Girault, Huissier à cheval au Châtelet de Paris, Juré-Crieur ordinaire du Roy & de la Ville, Prevôté & Vicomté de Paris, y demeurant rue Saint Antoine, devant la rue Cloche-Perche, Paroisse Saint Gervais, soussigné, accompagné de Louis-François Ambezar, Jacques Hallot, & Claude-Louis Ambezar, Jurez Trompettes, le 29 Janvier 1735 à ce personne n'en pretende cause d'ignorance, & affiché ledit jour esdits lieux. Signé, GIRAULT.

EXTRAIT DE L'ARREST DE LA Cour du 24 Janvier 1711. rendu entre les Maistres & Gardes de la Mercerie, & les Jurez & Communauté des Maistres Tissutiers-Rubanniers.

QUI fait défenses ausdits Tissutiers-Rubanniers de visiter ni acheter les marchandises foraines de leur profession, ni vendre d'autres Ouvrages que ceux qui auront été faits & fabriquez par eux, leurs enfans, serviteurs & domestiques, en cette Ville & Fauxbourgs de Paris. Arrêt contre les Tissutiers-Rubanniers, du 24 Janvier 1711.

Extrait de la Sentence du 12 Février 1715. renduë entre Charles Lheritier & François Brieve, Marchands Merciers; les Maistres & Gardes de la Mercerie, Intervenans; & les Jurez Miroitiers saisissans plusieurs Outils servant à l'enjolivement des Marchandises desdits Marchands Merciers.

QUI reçoit les Maistres & Gardes de la Mercerie, partie Intervenantes; fait main-levée Sentence contre les Marchands Miroitiers, du 12 Février 1715.

aufdits Lheriter & Brieve, des Outils fur eux faifis, comme n'étant point propres & particuliers au Meftier des Miroitiers.

PAR ARREST DE LA COUR du 22 Decembre 1716. rendu fur l'appel interjetté par lefdits Jurez Miroitiers, de la Sentence cy-deffus.

Arrêt contre les Miroitiers, du 22 Décembre 1716.

APPERT l'appellation avoir été mife au néant, & ordonné que ce dont a été appellé fortira effet; condamne lefdits Jurez en l'amende ordinaire de douze livres.

EXTRAIT DE L'ARREST DE LA COUR, du 15 Decembre 1716. rendu entre les Maiftres & Gardes de la Mercerie, Intimez; & les Jurez & Communauté des Maiftres Peigniers-Tabletiers, tant au nom que comme prenant le fait & caufe de Pierre Defcars, Appellant.

Arrêt contre les Peigniers-Tabletiers, du 15 Décembre 1716.

NOftredite Cour faifant droit fur le tout, a mis & met l'appellation & ce dont a été appellé au néant; émandant fait défenfes aux Maîtres Peigniers-Tabletiers, de vendre des marchandifes d'Ivoire & d'Ebene, fans eftre par eux ouvragées & manufacturées; Et néanmoins leur permet de vendre aux autres Maiftres de leur Communauté demeurans en cette Ville de Paris feulement, les morceaux ou tronçons d'Ebene ou d'Ivoire qui leur pourront refter des matieres qu'ils auront employées ou coupées: condamne lesdits Peigniers-Tabletiers en la moitié des dépens, l'autre moitié compensée.

EXTRAIT DE L'ARREST DE LA Cour du 13 Juillet 1718. rendu entre les Maistres & Gardes du Corps des Marchands Merciers, Grossiers, Jouailliers de cette Ville de Paris, Appellans; Pierre Hermant, Geoffroy Noël, Jean Baptiste Arnoul, & Jean Bercher, Maistres Passementiers-Boutonniers, & les Jurez de ladite Communauté, Intimez.

LA Cour a mis & met l'appellation & ce dont a été appellé au néant; émandant ordonne que l'Arrest de Nostredite Cour du neuf Mars 1658 sera exécuté selon sa forme & teneur; & en conséquence declare bonnes & valables les saisies faites à la Requeste desdits Maistres & Gardes des Marchands Merciers sur lesdits Boutonniers, pour marchandises foraines y contenues, lesquelles demeureront confisquées au profit desdits Maistres & Gardes Merciers; A cet effet, condamne lesdits Hermant, Noël, Arnoul & Bercher, de leur en rendre le prix, suivant l'estimation qui en sera faite par Expert, dont les Parties conviendront pardevant le Lieutenant General de Police du Châtelet, sinon par lui nommez d'office; fait défenses ausdits Passementiers-Boutonniers d'acheter & lotir entr'eux aucunes marchandises foraines dudit mestier, & de faire trafic, & d'exposer en vente aucunes marchandises que celles qui auroient été faites par eux, leurs serviteurs & domestiques, en

Arrêt contre les Passemen-tiers, du 13 Juillet 1718.

cette Ville & Fauxbourgs de Paris, à peine de confiscation, ni de prendre la qualité d'enjoliveurs; condamne lesdits Maistres Passementiers-Boutonniers en un tiers de tous les dépens envers lesdits Maistres & Gardes des Marchands Merciers, les deux autres tiers compensez.

EXTRAIT DE L'ARREST DU CONSEIL d'Etat-Privé du Roy du 28 Aoust 1719. rendu entre les Gardes & Communauté des Marchands Merciers de la Ville d'Amiens, d'une part; Pierre Fontaine, René Godart, & André Renjard, reçûs Marchands Merciers à Paris, & demeurans à Amiens, d'autre part; & les Maistres & Gardes du Corps des Marchands, Merciers, Grossiers, Jouailliers de cette Ville de Paris, Intervenans, au sujet des oppositions formées par lesdits Gardes de la Mercerie d'Amiens, à ce que lesdits Fontaine, Godart & Ranjard tiennent boutiques ouvertes, & fassent le Commerce de Mercerie, Grosserie & Jouaillerie, dans ladite Ville d'Amiens.

Arrêt du Conseil contre les Maitres & Gardes de la Mercerie d'Amiens, du 28 Aoust 1719.

LE Roy en son Conseil faisant droit sur l'Instance a ordonné & ordonne, que l'Edit du mois de Décembre 1581 sera executé selon sa forme & teneur; & en conséquence a Sa Majesté permis & permet ausdits Godart, Ranjard & Fontaine, d'aller s'établir dans la Ville d'Amiens, ou dans telles autres Villes, Bourgs & autres lieux du Royaume que bon leur semblera, pour y tenir boutique ouverte, & exercer leur Commerce de Mercerie, Grosserie, Jouaillerie, ainsi que les autres Marchands Merciers desdites Villes, en faisant enregistrer leurs Lettres de Maîtrise au Greffe de la Jurisdiction ordinaire ; Ce faisant ordonne Sa Majesté, que les Maistres & Gardes de la Communauté des Marchands Merciers d'Amiens, & ceux des autres Villes où lesdits Godart, Ranjard & Fontaine pourroient aller s'établir, seront tenus sur la répresentation qu'ils leur feront de leursdites Lettres de Maistrise, de les recevoir, enregistrer, & inscrire dans leur Communauté, en payant par eux les droits accoutumez : Fait Sa Majesté défenses aux Maîtres & Gardes de la Communauté des Marchands Merciers d'Amiens, & à ceux des autres Villes, Bourgs & autres lieux du Royaume, au cas que lesdits Godart, Ranjard & Fontaine allassent s'y établir, de les troubler dans l'exercice de la profession de Marchands Merciers, à peine de 1000 livres d'amende, & de tous dépens, dommages & interests ; condamne Sa Majesté la Communauté des Marchands Merciers d'Amiens, en tous les dépens de l'instance. Fait au Conseil d'Etat Privé, le 28 Aoust 1719.

Signé, AUVRAY.

SENTENCE de Police rendue en faveur des Marchands Merciers de la Ville de Paris; portant main-levée de la saisie faite de deux Ballots de Marchandises d'Epingles sur Thomas de Lastre, Marchand Mercier, à la Requête des Epingliers.

CONTRE *les Jurés de la Communauté des Maîtres Epingliers de la même Ville.*

Sentence contre les Epingliers du 16 Février 1725.

A Tous ceux qui ces présentes Lettres verront, Gabriel-Hyerôme de Bullion, Prevôt de la Ville, Prevôté & Vicomté de Paris: Salut, sçavoir faisons: Que sur la Requête faite en Jugement devant Nous en la Chambre de Police du Châtelet de Paris, par Me Gilles Pigeon, Procureur du sieur Thomas de Lastre, Marchand Mercier à Paris, défendeur à l'exploit du 3 Juillet dernier, tendant de la part des Jurés Epingliers ci-après nommés, à ce que les Statuts & Réglemens de leur Communauté, soient exécutés; que les Marchandises d'Epingles appartenantes audit sieur de Lastre, énoncées au Procès-verbal du Commissaire Poget, du 23 Juin dernier, seront vûes & visitées par lesdits Epingliers, pour les défectueuses être brûlées, & les bonnes confisquées à leur profit, faute d'avoir souffert la visite; que défenses soient faites à tous Marchands Merciers de faire amener en cette Ville des Marchandises d'Epingles & Aiguilles sans être au préalable visitées, avec dommages, intérêts & dépens: le sieur de Lastre demandeur incidamment suivant les défenses signifiées le 7 Juillet dernier, à ce que les Jurés Epingliers soient déboutés de leur demande & prétendu droit de viſite ; ce faiſant que les deux Balles de marchandiſes arrêtées au Bureau des Epingliers, lui ſeront rendues, à ce faire le gardien contraint par corps, ce faiſant déchargé, à l'effet de quoi le Commiſſaire tenu de reconnoître ſes Scellés, ſinon permis de les briſer, & les Epingliers condamnés en trois mille livres de dommages-intérêts & dépens, défendeur à la demande incidente deſdits Jurés Epingliers du onze Juillet dernier, à ce qu'ils ſoient maintenus dans leurs prétendus droits de viſites, & à la Requête verbale ſignifiée le ſept dudit mois de Juillet, de la part des Maîtres & Gardes du Corps des Marchands Merciers de cette Ville de Paris, en intervention & priſe de ſon fait & cauſe avec dépens, aſſiſté de Maître Duret ſon Avocat, contre Maître Pottier, Procureur des Jurés en Charge de la Communauté des Epingliers, demandeurs aux fins dudit Exploit, & défendeurs à la demande incidente & Requête ſuſdatée, aſſiſté de Maître Sandrier leur Avocat, & Maître Dauthuille Procureur des Maîtres & Gardes du Corps des Marchands Merciers, Groſſiers, Jouailliers de cette Ville, intervenans, demandeurs aux fins de leur Requête verbale ſuſdatée, à ce qu'ils ſoient reçus Parties intervenantes en ladite Inſtance; & auront Lettre de ce qu'ils prennent le fait & cauſe dudit de Laſtre, en conſéquence que ſans avoir égard au prétendu droit de viſite des Epingliers, les deux Ballots de marchandiſes d'Epingles ſaiſis ſur led. de Laſtre lui ſeront rendus, à la repréſentation les gardiens contraints par corps, ce faiſant déchargés; défenſes de récidiver, avec dommages-intérêts & dépens, & défendeurs à la demande incidente desdits Epingliers dudit jour onze Juillet dernier, assistés de Maître Duversy leur Avocat, Parties oüies, lecture faite des pieces, & notamment des Statuts & Réglemens du Corps des Marchands Merciers; ensemble d'une Sentence du onze Juillet dernier, par laquelle Nous avons remis la cause au premier jour; & fait main-levée à la Partie de Duret, en faisant ses soumissions: Oüi aussi noble homme M. Me Roüillir Darsaville, Conseiller du Roy & son Avocat, en ses conclusions, sans que les qualités puissent nuire ni préjudicier; Nous avons les Parties de Duversy reçuës Parties intervenantes; & faisant droit au principal, ordonnons que les Statuts & Réglemens du Corps de la Mercerie, seront exécutés, que la main-levée provisoire demeurera diffinitive: Faisons défenses aux Parties de Sandrier de faire de pareils Procès-verbaux, visites & saisies sur les Marchands Merciers, les Parties de Sandrier condamnées aux dépens envers toutes les Parties. Et sera la présente Sentence imprimée & affichée par tout où besoin sera; ce qui sera exécuté nonobstant, & sans préjudice de l'appel: En témoin de ce avons fait sceller ces présentes, qui furent faites & données par Messire Nicolas-Jean-Baptiste Ravot, Chevalier, Seigneur d'Ombreval, Conseiller du Roy en ses Conseils, Maître des Requêtes ordinaire de son Hôtel, Conseiller d'Honneur en la Cour des Aydes, Lieutenant Général de Police de la Ville, Prevôté & Vicomté de Paris, tenant le Siége le Vendredi 16 Février 1725. Collationné, CUYRET.

Scellé le 28. Février 1725. BOYARD.

Signifié

Signifié & baillé copie à Maître Pettier & Dauthuille Procureurs, à domicile, le premier Mars 1725. *BOROU.*

SENTENCE de Police rendue en faveur des Marchands Merciers de la Ville de Paris ; portant main-levée de la Saisie faite de soixante-douze Coupons de Vaches sur Jean Tramblay, Marchand Mercier, à la Requête des Corroyeurs.

CONTRE *les Jurés de la Communauté des Maîtres Corroyeurs de la même Ville.*

A Tous ceux qui ces présentes Lettres, verront : Gabriel Hierôme de Bullion, Prevôt de la Ville, Prevôté & Vicomté de Paris, Salut ; sçavoir faisons : Que sur la Requête faite en Jugement devant Nous en la Chambre de Police du Châtelet de Paris, par Maître Louis Olivier le jeune, Procureur de Jean Tramblay Marchand Mercier à Paris, Défendeur à la Saisie sur lui faite le 2 May 1724, de soixante-douze Coupons de Vaches, rue des Lombards, étant sur un haquet chez ledit sieur Tramblay ; lesdits Coupons qualifiés par ladite saisie de très-mal conditionnés, imparfaits, & remplis de trous, laissés en la garde & possession du sieur le Roy, Maître Corroyeur, demandeur aux fins de la plainte par lui renduë à Maître Hubert, Commissaire, du même jour, demandeur en nullité & main-levée de la saisie, suivant ses moyens, défendeur en demande incidente du 15 dudit mois, défendeur aux Requêtes verbales, signifiées les 4 & 8 Juillet dernier, deman-

Sentence contre les Corroyeurs du 16 Février 1725.

deur en infirmation de l'avis de Monſieur le Procureur du Roy du 11 dudit mois, ſuivant ſa Requête verbale du 17, aſſiſté de Maître Duret ſon Avocat, contre Maître Baudry, Procureur des Jurés en Charge de la Viſitation Royale, & Conſervateurs de la Communauté des Maîtres Corroyeurs-Baudroyeurs à Paris, demandeurs en ſaiſie ſuivant leur Exploit du 6 May dernier, & aux fins de leurs Requêtes verbales des 3 & 14 Juillet dernier, & défendeurs à l'intervention ci-après déclarée, aſſiſtés de Maître Sandrier leur Avocat, & Maître Dauthuille Procureur des Maîtres & Gardes du Corps des Marchands Merciers à Paris, demandeurs ſuivant leur Requête verbale du cinq Aouſt dernier, à ce qu'ils ſoient reçûs Parties intervenantes, les Statuts, Arrêts & Réglemens de leur Corps exécutés, ce faiſant ladite ſaiſie déclarée nulle, main-levée d'icelle, avec dépens, défenſes de troubler, & pour l'avoir fait, condamnés en trois mille livres de dommages & intérêts, & aux dépens; aſſiſtés de Maître de Duverſy leur Avocat; Parties oüies, lecture faite de leurs pieces; Oüi auſſi noble homme M. Me Maigret Avocat du Roy en cette Cour, en ſes concluſions: Nous diſons, ſans que les qualités puiſſent nuire ni préjudicier, avons reçu les Parties de Duverſy intervenantes: Diſons que les Edits, Déclarations du Roy, Réglemens, Arrêts, & Sentences de Police, rendus au profit des Marchands Merciers, ſeront exécutés ſelon leur forme & teneur; en conſéquence avons fait & faiſons main-levée à la Partie de Duret, de la ſaiſie ſur elle faite par les Parties de Sandrier; à la reſtitution deſdites choses saisies, tous gardiens & dépositaires contraints par corps, quoi faisant déchargés ; Condamnons lesdites Parties de Sandrier en tous les dépens. Et sera la présente Sentence imprimée & affichée par tout où besoin sera; ce qui sera exécuté nonobstant, & sans préjudice de l'appel : En témoin de ce Nous avons fait sceller ces Présentes, qui furent faites & données par Messire Nicolas-Jean-Baptiste Ravot, Chevalier, Seigneur d'Ombreval, Conseiller du Roy en ses Conseils, Maître des Requêtes ordinaire de son Hôtel, Conseiller d'Honneur en la Cour des Aydes, Lieutenant Général de Police de la Ville, Prevôté & Vicomté de Paris, tenant Siége le Vendredy 16 Février 1725. Collationné, CUYRET.

Scellé le 28 Février 1725, BOYARD.

Signifié & baillé copie auxdits Maîtres Baudry & Dauthaille, à domicile, le 7 Mars 1725, BARANGUE.

EXTRAIT DE L'ARREST DE LA COUR, du sept Février 1692. rendu sur production des Parties, entre les Jurés de la Communauté des Maîtres Eventaillistes de Paris, Appellans de Sentences rendues en la Chambre de Police du Châtelt les 8 May 1685. & 28 May 1688. d'une part ; la Communauté des Maîtres Jurés Gantiers, Intimés d'autre part ; & les Maîtres & Gardes du Corps des Marchands Merciers, Grossiers, Jouailliers à Paris, intervenans, encore d'autre part.

Arrêt contre les Eventaillistes & Gantiers, du 7 Février 1692.

NOtredite Cour ayant égard à l'intervention desdits Merciers, a mis les appellations, & ce dont a été appellé au néant : émandant, fait main-levée aufdits Gantiers des faifies des Eventails fur eux faites, à la Requête defdits Eventailliftes, & en conféquence permet aufdits Gantiers de préparer les cuirs, papiers & taffetas des Eventails, pour iceux préparés être par eux donnés à tel des Maîtres Eventailliftes qu'ils voudront choifir pour les monter, enjoliver & marquer, pour enfuite être par eux vendus & débités, leur fait défenfes d'en vendre d'autres que ceux dont ils auront préparé les peaux, papiers & taffetas, & qu'ils auront fait monter, enjoliver & marquer par lefdits Maîtres Eventailliftes, à peine de confifcation, & de dix livres d'amende ; & pour l'exécution du préfent Arrêt, permet aufd. Jurés Eventailliftes, de faire la vifite ès Maifons & Boutiques defdits Gantiers, en fe faifant affifter d'un Juré Gantier, lequel fera tenu de les accompagner à la premiere requifition qui en fera faite : Fait défenfes aufdits Gantiers & Eventailliftes d'acheter aucuns Eventails pour les revendre, & d'en vendre d'autres que ceux qu'ils auront fabriqués ou fait fabriquer, & compofés de toutes les parties néceffaires, conformément à l'Article premier des Statuts des Eventailliftes ; condamne lefdits Eventailliftes au quart des dépens de la caufe d'appel envers lefdits Gantiers, & lefdits Eventailliftes & Gantiers aux dépens de l'intervention envers lefdits Merciers, chacun à leur égard, les trois autres quarts compenfés envers lefdits Gantiers & Eventailliftes. Donné en notredite Cour de Parlement le feptiéme Février 1692. Collationné, Signé, DU TILLET.

EXTRAIT DE L'ARREST DE LA Cour de Parlement,

RENDU en faveur des Gardes de la Mercerie, de Louis le Tellier & Jean Stocard, Marchands Merciers, Appellans d'une Sentence de Police du 20 Novembre 1733.

CONTRE *les Jurez & Communauté des Maîtres Eventaillistes de Paris.*

QUI maintient & garde les Marchands Merciers aux droits & possessions de vendre indefiniment, soit en gros, soit en détail, à toutes personnes les Eventails montés ou non montés; comme aussi d'avoir dans leurs Magasins & Boutiques, même vendre en détail ou en gros les parties qui composent l'Eventail, soit conjointement, soit séparément; leur permet de faire venir des Provinces & Pays Etrangers les Eventails ou les parties séparées d'iceux; & faire deffenses aux Eventaillistes de troubler les Marchands Merciers dans ce Commerce.

LE *même Arrêt servant de Reglement entre lesdits Eventaillistes, les Tabletiers & les Maîtres des Arts de Peinture & Sculpture.*

Du 14 Février 1737.

LA COUR faisant droit sur le tout ayant égard aux interventions & demandes des Maîtres & Gardes du Corps des Marchands Merciers de Paris, en Arrêt contre les Eventaillistes, du 14 Février 1737.

tant que touche les appellations par eux interjettées, & par Louis le Tellier & Jean Stocard des Sentences du Chaſtelet de Paris du 20 Novembre 1733, & encore par leſdits Merciers & ledit Stocard de celle du 12 Mars 1734 a mis & met leſd tes appellati ns & ce dont a été appellé au néant, émandant; ordonne que les Statuts du Corps des Marchands Merciers & ceux de la Communauté des Eventailliſtes, enſemble les Arreſts & Reglemens de la Cour, ſeront executés ſelon leur forme & teneur; en conſéquence maintient & garde les Marchands Merciers au droit & poſſeſſion de vendre indéfiniment ſoit en gros, ſoit en détail à telles perſonnes qu'ils jugeront à propos les Eventails montés ou non montés; comme auſſi d'avoir dans leus magaſins ou boutiques, même vendre en détail ou en gros les parties qui compoſent l'éventail, ſoit conjointement, ſoit ſéparément, leur permet de faire venir des Provinces & Pays Etrangers des Eventails ou les parties ſéparées d'iceux, à la charge par eux de ne pouvoir ſe ſervir que des Maiſtres Eventailliſtes pour faire monter l'Eventail qu'ils voudront faire monter; fait deffenſes auſd. Eventailliſtes de troubler leſdits Marchands Merciers dans la vente d'Eventail ou parties ſéparées cy-deſſus ordonnée; fait auſſi deffenſes auſdits Merciers de ſe qualifier Monteurs & Remonteurs d'Eventails ou Marchands Eventailliſtes; leur permet ſeulement de s'indiquer & annoncer Marchands d'Eventails tant en détail qu'en gros; ſur le ſurplus des demandes d'entre leſdits Merciers & leſdits Eventailliſtes, met les Parties hors de Cour; condamne leſdits Eventailliſtes en tous les dépens à cet égard, des cauſes principales, appellations, interventions & demandes envers lesdits Merciers, le Tellier & Stocard chacun à leur égard ; même en ceux reservés par les precedents Arrests, ayant aucunement égard à l'intervention & demande des Maistres Peigniers & Tabletiers de Paris, & aux demandes desdits Eventaillistes, en tant que touche l'appel interjetté par lesdits Tabletiers de la même Sentence du 20 Novembre 1733, a mis & met l'appellation & ce aux chefs dont a été par eux appellé au néant, émendant, maintient & garde lesdits Tabletiers au droit & possession de travailler seuls les bâtons d'Eventails, les perfectionner & enjoliver suivant leur art ; comme aussi au droit de vendre lesdits bâtons aux Merciers & autres personnes ; maintient & garde lesdits Eventaillistes dans le droit de monter seuls les parties de l'Eventail, en assembler les bâtons & les river ; fait deffenses ausdits Tabletiers de river le bâton de l'Eventail ni de l'assembler autrement qu'avec une cheville de bois ; leur fait aussi deffenses d'avoir à l'avenir aucuns bâtons d'éventails rivés, ni d'en vendre ; sur le surplus des demandes d'entre lesdits Tabletiers & les Eventaillistes, les a mises hors de Cour, tous dépens entre eux compensés, ayant pareillement égard à l'intervention des Directeurs, Corps & Communauté des Arts de Peinture & Sculpture ; déboute lesdits Eventaillistes de leurs demandes, à ce que les Maistres Peintres ne puissent peindre l'Eventail qu'à leur requisition, en consequence maintient & garde lesdits Maistres Peintres au droit & possession de peindre les bois & les feuilles de l'Eventail conjointement ou séparément, de coller les feuilles de peintures les unes ſur les autres s'il en eſt beſoin, pour les pouvoir peindre & vendre les feuilles & les bois par eux peints aux Merciers & aux Eventailliſtes, à la charge par leſdits Maiſtres Peintres d'avoir un Regiſtre ſur lequel ils inſcriront le nom des Marchands Merciers & des Maiſtres Eventailliſtes auſquels il vendront les feuilles ou bâtons d'Eventail qu'ils auront peints; fait deffenſes auſdits Maiſtres Peintres de coller les feuilles ſur le bois de l'Eventail; ſur le ſurplus des demandes d'entre les Peintres & Eventailliſtes les amiſes hors de Cour: condamne leſdits Eventailliſtes aux dépens envers leſdits Maiſtres Peintres de leur intervention & demande, même en ceux reſervés. Sur l'appel interjetté par Louis Saulnier, Marie-Claude Saulnier & Marie Marguerite Boutillier, de l'Ordonnance du 19 Octobre 1736 & des Procès-verbaux des ſaiſies des 30 & 31 dudit mois d'Octobre; met pareillement l'appellation & ce dont a été appellé au néant, émandant, ſans s'arrêter aux Requeſtes deſdits Eventailliſtes des 26 & 29 Janvier dernier; ordonne que la main-levée proviſoire prononcée par Arreſt du 27 Novembre 1736 demeurera définitive, en conſéquence ſeront tous gardiens & dépoſitaires deſdits effets ſaiſis valablement quittes & déchargés d'iceux, ſur les demandes en dommages & interêts deſdits Saulnier & Boutillier, & le ſurplus des fins & concluſions reſpectives des Parties, les a miſes hors de Cour; dépens entre leſdits Saulnier, Boutillier & leſdits Eventailliſtes, enſemble tous autres dépens, autres néanmoins que ceux cy-deſſus adjugés, compenſés; pourront les Jurez en charge

charge des Maiſtres Eventailliſtes employer en dépenſe dans le Compte de leur Jurande les frais deſdites deux ſaiſies ſur leſdits Saulnier & Boutillier; les frais du tranſport & Procés-verbaux de Commiſſaire. Mandons mettre le préſent Arrêt à exécution. De ce faire te donnons pouvoir. Donné en Parlement le quatorze Février l'an de Grace mil ſept cens trente-ſept. Et de notre Regne le vingt-deuxiéme; Collationné, Signé, DAUVERGNE.

Par la Chambre, Signé, DUFRANC.

EXTRAIT DE L'ARREST DE LA COUR, Rendu ſur production des Parties le quatre Mars 1697. entre Pierre Boucher Maître Teinturier à Paris, Appellant d'une Sentence rendue par Monſieur le Lieutenant Général de Police, le neuf Novembre 1691, d'une part; les Jurés & Communauté des Maîtres Teinturiers à Paris, intervenans, d'autre part; & les Maîtres & Gardes du Corps des Marchands Merciers, Groſſiers, Joualliers à Paris, intimés, encore d'autre; par laquelle Sentence la ſaiſie que leſdits Maîtres & Gardes ont fait faire ſur ledit Boucher de douze, tant piece que morceaux de toile rayée, une piece de toile écruë jaune, & treize pieces de toiles d'Allemagne de différentes couleurs, trouvées expoſées en vente par ledit Boucher, a été déclarée bonne & valable, défenſes audit Boucher de plus entreprendre ſur le fait de la Mercerie.

LA Cour, ſans avoir égard aux demandes & Requêtes des Jurés de la Communauté des Tein- Arrêt contre les Teinturiers du 4 Mars 1697.

turiers, des 22 Août 1694, & premier du présent mois de Mars, desquelles elles les déboute, a mis & met les Appellations au néant; ordonne que ce dont a été appellé sortira effet; déclare le présent Arrêt commun avec lesdits Teinturiers, & les condamne & ledit Boucher, en l'amende ordinaire de douze livres, & en tous les dépens chacun à leur égard. Fait en Parlement le 4 Mars 1697.

Collationné, Signé, DU TILLET.

LETTRES PATENTES accordées par Sa Majesté aux Marchands Merciers, en interprétation de l'article 86.* du Reglement général pour toutes sortes de Teintures de l'année 1699. & de l'article 14. des Statuts des Marchands Merciers de 1613.

* *Vid.* cet art. cy-après page 180.

Par lesquelles S. M. ordonne que l'article 14 des Statuts des Marchands Merciers sera exécuté, & conformément à icelui, leur permet de servir concurremment avec les Teinturiers d'Eparts, Poteaux, Chevilles, &c. & ce nonobstant l'article 86. du Statut des Teinturiers de 1669. auquel & à tous autres Arrêts & Reglemens est dérogé par S. M.

Du 25. Septembre 1738.

LOUIS, par la Grace de Dieu, Roy de France & de Navarre: A nos amés & féaux Conseilers, les Gens tenans notre Cour de Parlement à Paris, SALUT: Les Maîtres & Gardes des Marchands Merciers, Grossiers, Jouailliers de notre

Ville & Fauxbourgs de Paris, Nous ont fait repréſenter que l'occaſion d'une ſaiſie faite par les Jurés-Gardes en Charge de la Communauté des Maîtres & Marchands Teinturiers du bon teint en ſoye, laine & fil de notredite Ville, Fauxbourgs & Banlieue de Paris, le vingt-cinq Mars mil ſept cens vingt-huit, ſur Pierre Boyer, Marchand Mercier à Paris, de trente-neuf Eparts garnis de poil de chevre enchevillée, de cent quatre-vingt-dix-ſept chevilles, d'une preſſe & de deux poteaux ſcellés dans le mur, il a été rendu par le Sieur Lieutenant Général de Police de notre Châtelet de Paris une Sentence contradictoire le vingt-trois Avril de la même année, entre leſdits Jurés Teinturiers d'une part, ledit Boyer & les Expoſans d'autre part; par laquelle Sentence leſdits Expoſans ont été reçus Parties intervenantes; & faiſant droit ſur leur intervention, il a été ordonné que les Statuts du Corps deſdits Expoſans, Reglemens & Sentences du vingt-trois Avril mil ſept cens vingt-trois, ſeroient exécutés ſelon leur forme & teneur, & conformément à iceux qu'ils ſeroient maintenus & gardés, ainſi que ledit Boyer, dans le droit qu'ils avoient de ſe ſervir de Chevilles, Eparts, Poteaux, Preſſes & autres outils néceſſaires pour les paremens, enrichiſſemens & enjolivemens de leurs Marchandiſes, avec défenſes auſdits Jurés en Charge de la Communauté des Maîtres Teinturiers de troubler à l'avenir leſdits Expoſans & ledit Boyer dans leur commerce, a été fait main-levée audit Boyer de la ſaiſie ſur lui faite des Chevilles, Eparts, Poteaux, Preſſes & Marchandiſes à la Requête deſdits Jurés Teinturiers; & en conſéquence ordonné que les choſes ſaiſies ſeroient rendues audit Boyer ; à ce faire les gardiens contraints, même par corps, & leſdits Maîtres Teinturiers condamnés en tous les dépens ; que ſur l'appel de cette Sentence en notre Cour de Parlement à Paris, il eſt intervenu Arrêt Interlocutoire entre leſdites Parties ſur les Concluſions de notre Procureur Général, le onze Juillet mil ſept cens trente, par lequel Arrêt il a été ordonné que dans trois mois les Parties ſeroient tenues de ſe pourvoir pardevers Nous pour obtenir déclaration de notre volonté, s'il nous plaiſoit ainſi, au ſujet de l'interprétation de l'article quatre-vingt-ſix des Statuts deſdits Maîtres Teinturiers des Villes & Bourgs de notre Royaume, enregiſtrées au Parlement le treize Aouſt mil ſix cens ſoixante-neuf, par lequel il eſt entr'autres choſes ordonné, que leſdits Teinturiers auroient ſeuls en leurs Maiſons, Boutiques, Ouvroirs & Magaſins des Eparts, Poteaux, Chevilles & Preſſes pour leurs Fabriques, avec défenſes à tous autres d'en avoir ; ſçavoir ſi par ledit article il a été dérogé à l'article quatorze des Statuts des Expoſans du mois de Janvier mil ſix cens treize, enregiſtrées en notredite Cour de Parlement le ſept Mars audit an, par lequel il eſt permis aux Expoſans de faire les paremens, enrichiſſemens, enjolivemens, de leurs Marchandiſes, avec Chevilles & Eparts, & autres outils à ce néceſſaires ; enſorte que leſdits Expoſans ne puiſſent avoir aucuns deſdits outils ; ſi leſdits outils au contraire peuvent ou doivent appartenir auxdits Teinturiers & aux Expoſans concurremment, ou ſi leſdits Expoſans doivent avoir ſeulement la faculté de se servir d'Eparts & Chevilles proportionnées à ce qui convient à leurs parures, enrichissemens & enjolivemens, & d'une grosseur inférieure à celle dont ont droit d'user lesdits Teinturiers pour leur Fabrique; & cependant que la Sentence dont est appel, ensemble celle du vingt-trois Avril mil sept cens vingt-trois, dont lesdits Jurés Teinturiers s'étoient aussi rendus incidemment Appellans en notredite Cour de Parlement, seroient exécutées par provision, tous dépens réservés : qu'en conséquence dudit Arrêt lesdits Jurés en Charge des Maîtres Teinturiers ayant fait assigner les Exposans & ledit Boyer en notre Conseil d'Etat Privé, cela y a fait la matiere d'une Instance reglée, de laquelle ayant voulu prendre connoissance par Nous-mêmes, après avoir vû lesdits articles quatre-vingt-six des Statuts desdits Maîtres Teinturiers, & quatorze des Statuts desdits Exposans, les Requêtes, pieces & production des Parties, ensemble l'avis des Députés de notre Conseil du Commerce, il est intervenu Arrêt en notre Conseil d'Etat, Nous y étant, le huit du présent mois, sur lequel Nous avons ordonné que toutes Lettres Patentes seroient expédiées. A CES CAUSES, voulant favorablement traiter les Exposans, de l'avis de notre Conseil, qui a vû ledit Arrêt du huit du présent mois, dont extrait est cy attaché sous le contre-Scel de notre Chancellerie, en interprétant ledit article quatre-vingt-six des Statuts des Teinturiers du mois d'Aoust mil six cens soixante-neuf, Nous avons, de notre grace spéciale, pleine puissance & autorité Royale, ordonné & ordonnons par ces Présentes signées de notre main, que l'article quatorze des Statuts desdits Marchands Merciers du mois de Janvier mil six cens treize, enregistré en notre Parlement de Paris le sept Mars de la même année, sera exécuté selon sa forme & teneur, & conformément à icelui avons permis & permettons auxdits Marchands Merciers de la Ville & Fauxbourgs de Paris de se servir, concurremment avec les Teinturiers, d'Eparts, Poteaux, Chevilles & Presses, & ce nonobstant la disposition dudit article quatre-vingt-six des Statuts desdits Teinturiers du mois d'Aoust mil six cens soixante-neuf, & de tous autres Arrêts & Reglemens auxquels Nous avons dérogé. SI VOUS MANDONS que ces Présentes vous ayiez à faire registrer, & de leur contenu jouir & user lesdits Exposans pleinement & paisiblement, cessant & faisant cesser tous troubles & empêchemens, & nonobstant toutes choses à ce contraires: car tel est notre plaisir. DONNÉ à Fontainebleau le vingt-cinquiéme jour de Septembre l'an de grace mil sept cens trente-huit, & de notre Regne le vingt-quatriéme. *Signé* LOUIS.

Par le Roy, PHELIPPEAUX.

Registré, oui le Procureur Général du Roy, pour jouir par les Maîtres & Gardes des Marchands Merciers, Grossiers, Jouailliers de la Ville & Fauxbourgs de Paris, impétrans, de leur effet & contenu, & être exécutées selon leur forme & teneur, aux charges, clauses, conditions & réserves contenues * *ès Arrêts des* 16 *Mars* 1747. *&* *&* 9 *Mars* 1748. *suivant l'Arrêt de ce jour. A Paris en Parlement le* 23 *Avril* 1748.

YSABEAU.

* *Vid.* cy-après l'Extrait de ces Arrêts, p. 183.

EXTRAIT DE L'ARREST DE LA Cour du Parlement rendu en conséquence des Lettres Patentes cy-dessus.

Du 16 Mars 1747.

Entre les Jurés & Communauté des Teinturiers, Appellans des Sentences de Police des 23. Avril 1723. & 23. Avril 1728.* d'une part.

* Le Dispositif de cette Sentence est relaté dans les Lettres Patentes cy-dessus p. 178. & suiv.

Et les Maîtres & Gardes du Corps des Marchands Merciers & Pierre Boyer, Marchand Mercier, Intimés, d'autre part.

Par lequel faisant droit sur ledit appel, & sur toutes les demandes respectives des Parties:

Arrêt contre les Teinturiers du 16 Mars 1747.

LA Cour ordonne qu'il sera passé outre à l'enregistrement des Lettres Patentes du 25 Septembre 1738. en la maniere accoutumée, en conséquence a mis & met les appellations au néant, ordonne que ce dont a été appellé, sortira son plein & entier effet, condamne lesdits Jurés & Communauté des Teinturiers en l'amende de douze livres, ayant aucunement égard aux Requêtes desdits Teinturiers des premiers Mars & 27 Avril 1746. ordonne que lesdits Teinturiers pourront se qualifier de Marchands Maîtres Teinturiers, & leurs Jurés Maîtres & Gardes Jurés en Charge de la Communauté des Marchands Maîtres Teinturiers; pourront pareillement lesdits Teinturiers vendre les marchandises fabriquées hors de leurs Boutiques, seulement celles

Vid. ci-après page 185.

énoncées, & conformément à l'article quatre-vingt-six du Réglement général des Teinturiers du mois d'Aoust 1669. & à l'Arrêt de notredite Cour du 12 Mars 1685 : ordonne, suivant leurs offres, qu'ils feront marquer & plomber les marchandises par eux façonnées & teintes, ainsi & de la maniere qu'il est porté par l'article quatre-vingt-quatre * de leurs Statuts, déboute lesdits Teinturiers de leur demande contre Charles Roger, Curateur à la succession vacante de Jean Langlois, sur le surplus de toutes les autres demandes, fins & conclusions, a mis & met les Parties hors de Cour, tous dépens compensés. Mandons mettre le présent Arrêt à exécution ; de ce faire te donnons tout pouvoir. DONNÉ en notre Parlement le seize Mars, l'an de grace 1747. & de notre Regne le trente-deuxiéme.

* *Vid.* cet art. cy-dessous.

Collationné, LE SEIGNEUR.

Par la Chambre, DU FRANC.

EXTRAIT DU REGLEMENT GENERAL pour les Teinturiers.

Du 13 Aoust 1669.

ARTICLE LXXXIV.

Réglement général pour les Teinturiers du 13 Août 1669.

SEront tous les Maîtres Teinturiers de soye, laine & fil, tenus d'avoir en leurs maisons, boutiques, & ouvroirs chacun un cachet & marque, où d'un côté sera gravé le nom & armes de la Ville où ils demeurent, & de l'autre leur nom, pour être ledit cachet & marque appliqués & imprimés sur un plomb qui sera attaché avec un fil sur les bottes de soyes, laine ou fil, & au chef & tête des Etoffes par eux teintes lorsqu'ils qu'ils les livreront : En forte que ledit fil & plomb ne se puissent séparer & ôter du lieu où ils seront appliqués sans une rupture visible, afin de pouvoir connoître par qui lesdites étoffes, soye, laine, & fil seront teintes, de la bonté desquelles teintures ils demeureront garants & responsables : Et à cet effet chacun desdits Maîtres Teinturiers fourniront une empreinte de leurdite marque, tant au Bureau de leur Communauté, qu'en ceux des Marchands Merciers & Marchands Maîtres Ouvriers en Draps d'or, d'argent, & de soye entre les mains des Maîtres Gardes ou Jurés desdites Communautés en Charge, qui seront tenus d'en faire mention sur leurs Registres, pour y avoir recours quand besoin sera : Ne pourront lesdits Teinturiers vendre ni livrer lesdites étoffes, ni les soye, laine, & fil en bottes, & aucunes personnes les acheter ni recevoir, sans être marquées comme dit est : Ne pourra encore le Teinturier mettre autre marque que la sienne, le tout à peine de cent livres d'amende pour chacune contravention & de confiscation desdites étoffes, soye, laine & fil non marqués.

Article LXXXVI.

Pourront lesdits Marchands Maîtres Teinturiers en soye vendre tant en gros qu'en détail de toutes sortes de soyes crues ou teintes, fleuret, capiton ; trames, & autres généralement quelconques de quelques natures & qualités que puissent être lesdites soyes ; & lesdits Teinturiers en laine pourront vendre des laines teintes ; & pourront aussi les Teinturiers en fil, vendre du fil de lin, chanvre, cotton, fil à marquer, fil à sangle & retorts blanc, & autres couleurs & ruban de fil de toutes couleurs dont se servent les Tapissiers, & autres marchandises qui leur ont été permises par Arrêt, ainsi qu'ils ont fait par le passé : Et pourront aussi avoir seuls en leurs maisons, boutiques, ouvroirs, & magasins des chaudieres ou fourneaux scellés & à sceller, callandres, moulins, esparts, poteaux, chevilles, presses, & autres ustanciles généralement quelconques, nécessaires à leurs manufactures & négoce, défenses à toutes autres d'en avoir, &c.

EXTRAIT DE L'ARREST DU PARLEMENT,

qui fait main-levée de plusieurs oppositions entre les mains de M. le Procureur Général à l'Enregistrement de toutes Lettres Patentes en faveur, &c.

Du 9 Mars 1748.

Du 9. Mars 1748.

LA Cour ordonne que sans s'arrêter aux oppositions des Défendeurs, il sera incessamment procédé à l'enregistrement, si faire se doit, des Lettres Patentes par Nous accordées aux Parties de de Coustart (les Gardes Merciers) le 25 Septembre 1738. dont est question, lesdites oppositions néanmoins réservées en autres causes, dépens compensés. Donné en Parlement le 9 Mars 1748. Collationné. *Signé*, DU CREUX. Par la Chambre. *Signé*, DUFRANC.

EXTRAIT DE L'ARREST DU PARLEMENT,

Portant Reglement pour les marchandises foraines de Clous, rendu sur les Conclusions de M. le Procureur Général.

EN faveur du Corps de la Mercerie.

CONTRE *Marquin & Corroy, Marchands Forains.*

Du 31. Aoust 1747.

Arrêt du Parlement, contre les Marchands Forains, du 31. Août 1747.

LA Cour sur l'appel desdits Maîtres & Gardes des Merciers de la Sentence du Châtelet du vingt-sept Avril mil sept cens quarante-deux, a mis & met l'appellation & ce dont a été appellé au néant, émandant ayant égard à l'intervention des six Corps des Marchands, déclare la saisie faite à la Requête desdits Maîtres & Gardes des Merciers sur ledit Marquin le dix Mars mil sept cens quarante-deux, des dix-neuf feuillettes de clous bonne & valable, & néanmoins ordonne que la main-levée provisoirement faite audit Marquin desdits clous saisis, demeurera définitive; condamne ledit Marquin en dix livres de dommages-intérêts envers lesdits Maîtres & Gardes des Merciers, & aux dépens des causes principales d'appel, intervention & demandes, faits à son égard par lesdits Maîtres & Gardes des Merciers & les six Corps des Marchands, & faisant droit sur les conclusions de notre Procureur Général, ordonne que lesdits Corroy, Marquin & autres Marchands Forains ne pourront à l'avenir faire aucuns envois de clous en cette Ville de Paris qu'en gros, & aux Marchands-Artisans ayant faculté de les employer, & ce, suivant seulement les Lettres de demandes qui contiendront la quantité qu'ils auront ordre d'envoyer, & en avertissant les Maîtres & Gardes des Merciers de l'arrivée desdites Marchandises pour être par eux vûes & visitées avant de les livrer, sans que, sous ce prétexte, en cas de refus des Marchands & Artisans de Paris de les accepter, ils puissent les vendre ou lotir à d'autres Marchands, sauf aux Marchands Forains, en cas de refus des Marchands ou Artisans de les accepter, à former contr'eux telles demandes que de raison, & les faire porter au Bureau de la Mercerie pour y rester jusqu'à la vente qui en sera faite en tems de Foires Saint-Denis, Saint-Germain

& du Landy, sur le surplus des autres demandes, fins & conclusions des Parties, les a mis hors de Cour. Mandons mettre le présent Arrêt à exécution, de ce faire te donnons pouvoir. Donné en notre Parlement le trente-un Aoust, l'an de grace mil sept cens quarante-sept, & de notre Regne le trente-deuxiéme.

Collationné, LE SEIGNEUR.

Par la Chambre, YSABEAU.

ARREST DU CONSEIL D'ETAT DU ROY,

QUI ordonne que les fils de poil de chevre destinés à faire des boutons, boutonnieres d'habits, ceintures & autres pareils ouvrages, seront retors, purs & sans mêlange, sans qu'il puisse y être employé aucuns fils de laine, fils de Flandre, & autres pareilles matieres.

Du 27 Mars 1741.

Extrait des Regiſtres du Conseil d'Etat.

Arrêt du Conseil du 27. Mars 1741. contre les Fabriquans de fil de poil de chevre.

LE ROY étant informé de l'abus qui se pratique de la part des fabriquans & ouvriers qui retordent les fils de poil de chevre destinés à faire des boutons, boutonnieres d'habits, ceintures, jarretieres, tresses, cordons, ganses & autres semblables ouvrages, en mêlant pour le retordage de ces fils, de la laine ou du fil, avec le poil de chevre, ce qui en altere la qualité, & en diminue le débit & la consommation, tant dans le Royaume que dans les Pays Etrangers; à quoi Sa Majesté desirant pourvoir. Vû l'avis des Députés du Commerce, Ouy le

Rapport du ſieur Orry, Conſeiller d'Etat, & ordinaire au Conſeil Royal, Controlleur Général des Finances, LE ROY ÉTANT EN SON CONSEIL, a ordonné & ordonne ce qui ſuit.

ART. I. Les fils de poils de chevre deſtinés à faire des boutons, boutonnieres d'habits, ceintures, jarretieres, treſſes, cordons, ganſes & autres pareils ouvrages, qui ſe retordent tant dans les Villages d'Ercuy, Neuilly-en-Tel, Frenoy & autres lieux de la Généralité de Paris, que dans les Généralités de Lyon, Limoges & autres, ſeront à l'avenir, & à commencer du jour de la publication du préſent Arrêt, retors purs & ſans mêlange, ſans qu'il puiſſe y être employé aucuns fils de laine, fils de Flandre, & autres pareilles matieres; à peine de confiſcation deſdits fils de poil de chevre, qui ſeront brûlés, de trois cens livres d'amende contre les Marchands & Fabriquans qui les auroient fait retordre, & de deux cens livres contre les Fabriquans & Ouvriers qui les auroient retors: ladite amende de deux cens livres payable ſolidairement par leſdits Ouvriers, & par les Marchands & Fabriquans qui les auroient employés au retordage deſdits fils.

II. Fait Sa Majeſté défenſes à tous Fabriquans & Ouvriers travaillans ou faiſant travailler au retordage des fils de poil de chevre, d'avoir & de garder, ſous quelque prétexte que ce ſoit, dans leurs maiſons, boutiques & Ouvroirs, aucuns fils de laine, fils de Flandre, & autres, à peine de confiſcation deſdits fils, & de deux cens livres d'amende contre chacun des contrevenans.

III. Veut Sa Majeſté que leſdits fils de poil de

chevre ne puissent être retors qu'en quatre ou en deux brins, sans pouvoir, sous quelque prétexte que ce soit, l'être en trois brins ; à peine de confiscation desdits fils de poil de chevre, qui seront brûlés, & de trois cens livres d'amende. N'entend néanmoins Sa Majesté comprendre dans le présent article, les fils de poil de chevre destinés à la fabrication des camelots, des peluches & autres étoffes dans lesquelles il entre du fil de poil de chevre, lesquels continueront d'être retors & employés suivant ce qui est prescrit par les Reglemens qui concernent lesdites étoffes.

IV. Fait Sa Majesté défenses à tous Fabriquans & Ouvriers, d'exposer en vente, ni vendre, & à tous Marchands d'acheter & vendre aucuns fils de poil de chevre retors, qu'ils ne soient conformes à ce qui est prescrit par le présent Arrêt ; à peine de confiscation desdits fils retors, qui seront brûlés, & de trois cens livres d'amende contre chacun des contrevenans.

V. Ordonne Sa Majesté que tous les fils de poil de chevre retors, les boutons, jarretieres, tresses, & autres pareils ouvrages composés desdits fils, qui seront à l'avenir, & à commencer du premier Janvier 1742. apportés dans les Villes de Paris, Lyon, Limoges & autres, seront, à leur arrivée dans lesdites Villes, directement conduits & déchargés dans les Bureaux des Marchands Merciers qui y sont établis, pour y être vûs & visités par les Gardes desdits Marchands ; & ceux qui ne seront pas trouvés conformes au présent Arrêt, saisis, pour en être par eux la confiscation poursuivie pardevant les Juges des Manufactures, avec les condamnations d'amendes portées par icelui, contre ceux à qui ils appartiendront.

VI. Ordonne pareillement Sa Majesté, que lesdits fils de poil de chevre retors, qui seront à l'avenir, & à commencer du premier Janvier 1742. apportés dans les Foires établies dans les différentes Villes & lieux du Royaume, seront vûs & visités, tant par les Inspecteurs des Manufactures, que par les Gardes des Marchands préposés auxdites visites; & ceux qui seront trouvés en contravention au présent Arrêt, par eux saisis, pour en poursuivre la confiscation avec les condamnations d'amendes ordonnées suivant la nature de la contravention.

VII. Permet néanmoins Sa Majesté à tous Marchands, Fabriquans & autres, qui ont actuellement en leur possession, desdits fils de poil de chevre retors, dans lesquels il auroit été mêlé de la laine ou du fil, ou qui seroient retors en trois brins, de les vendre & débiter dans le cours de la présente année 1741. passé lequel tems tous ceux qui seront trouvés ainsi mêlés, ou retors en trois brins, seront saisis, pour en être la confiscation poursuivie pardevant les Juges des Manufactures, & les contrevenans condamnés en trois cens livres d'amende.

VIII. Veut Sa Majesté que les peines portées par le présent Arrêt, soient prononcées par les Juges des Manufactures, sans qu'elles puissent être remises ni moderées, pour quelque cause & sous quelque prétexte que ce soit; à peine par lesdits Juges de répondre en leur propre & privé nom, des amendes & confiscations qu'ils auroient dû prononcer, & même d'interdiction.

IX. Veut pareillement Sa Majesté, que les amendes qui seront prononcées pour raison des contraventions faites au présent Arrêt, soient appliquées, sçavoir, un tiers au profit de S. M. un tiers au profit des Gardes à la Requête desquels les saisies seront faites, & l'autre tiers au profit des pauvres des Hôpitaux des lieux où les Jugemens auront été rendus.

X. Enjoint Sa Majesté au sieur Lieutenant Général de Police de la Ville de Paris, & aux sieurs Intendans & Commissaires départis dans les Provinces & Généralités du Royaume, de tenir la main à l'exécution du présent Arrêt, qui sera lû, publié & affiché par-tout où besoin sera; & sur lequel seront toutes Lettres nécessaires expédiées. Fait au Conseil d'Etat du Roy, Sa Majesté y étant, tenu à Versailles le vingt-septiéme jour de Mars 1741.

Signé, PHELYPEAUX.

SENTENCE DE POLICE, rendue en exécution de l'Arrêt du Conseil cy-dessus.

Au profit des Maîtres & Gardes du Corps de la Mercerie.

Contre le nommé Lavallée, qui avoit fait descendre ses Poils de chevre à son Hôtellerie, sans les avoir fait porter au Bureau de la Mercerie.

Sentence du 15. Janvier 1751. contre le nommé Lavallée, Marchand de poil de chevre.

Du 15. Janvier 1751.

A TOUS ceux qui ces présentes Lettres, verront: Gabriel-Jerôme de Bullion, Chevalier, Comte d'Esclimont, Maréchal des Camps & Armées

mées du Roy, Prevôt de Paris, &c. Sçavoir faisons: Que sur la Requête faite en Jugement devant Nous à l'Audience de la Chambre de Police du Châtelet de Paris par Me Regnard Procureur des Maîtres & Gardes en Charge du Corps de la Mercerie, ayant en vertu de notre Ordonnance du vingt-huit Novembre dernier, par Procès-verbal du vingt-huit Décembre dernier, de Cury Huissier à Verge en cette Cour, présence de Me du Doigt Commissaire, fait saisir les Marchandises de poil de chevre y énoncées, Demandeurs aux fins de l'assignation du trente-un dudit mois, controllée le deux de ce mois par Duval, & présentée le douze par Courlesveaux J. contre Me le Canu, Procureur de Lavallée, Marchand à Appremont près Senlis, Partie saisie, Défendeur; parties ouyes, sans que les qualités puissent nuire ni préjudicier: NOUS disons que les Statuts du Corps de la Mercerie, Arrêts & Reglemens de Police, notamment l'Arrêt du Conseil d'Etat du Roy du vingt-sept Mars mil sept cens quarante-un, seront exécutés selon leur forme & teneur; en conséquence avons la saisie faite sur la Partie de le Canu à la Requête des Parties de Regnard, déclarée bonne & valable. Disons que les Marchandises saisies demeureront acquises & confisquées au profit du Corps des Parties de Regnard; & néanmoins pour cette fois, par grace & sans tirer à conséquence, ordonnons qu'elles seront remises à ladite partie de le Canu, à ce faire le Gardien & Dépositaire desdites Marchandises contraints; quoi faisant déchargés. Faisons défenses à ladite Partie de le Canu, & à tous autres Marchands de poil de chevre d'entreposer leurs Marchandises dans les Hôtelleries ni ailleurs. Ordonnons qu'aussi-tôt leur arrivée en cette Ville, ils seront tenus de les conduire directement au Bureau desdites Parties de Regnard, pour y être visitées; & pour la contravention commise par ladite Partie de le Canu, la condamnons en vingt livres de dommages & intérêts envers le Corps desdites Parties de Regnard, en l'amende de dix livres & aux dépens. Ordonnons que notre présente Sentence sera imprimée, lue, publiée & affichée partout où besoin sera, aux frais & dépens de la Partie de le Canu, & exécutée nonobstant & sans préjudice de l'appel. En témoin de ce nous avons fait sceller ces Présentes. Ce fut fait & donné par Mre Nicolas-René Berryer, Chevalier, Conseiller d'Etat, Lieutenant Général de Police au Châtelet de Paris, tenant le Siége le Vendredy quinze Janvier mil sept cens cinquante-un.

Collationné, LAFONTAINE.

Scellé le 20 Janvier 1751. SAUVAGE.

ARREST DU CONSEIL D'ETAT DU ROY, Pour faire cesser plusieurs abus introduits dans le commerce qui se fait sous la Halle aux Toiles de la Ville de Paris.

Du 15 Mars 1746.

Extrait des Registres du Conseil d'Etat.

Arrêt du Conseil d'Etat du Roy, pour la discipline de la Halle aux toiles, du 15. Mars 1746.

LE ROY étant informé que les Reglemens cy-devant intervenus, concernant le commerce qui se fait sous la Halle aux Toiles de la Ville de Paris, ne sont pas suffisans pour assurer la bonne qualité des Toiles & Toileries qui y sont apportées des diverses Manufactures du Royaume, & pour établir sous ladite Halle la regle & la discipline qu'il convient qui y soit observée de la part des différentes personnes qui ont droit de s'y trouver, soit à raison de leur commerce, ou des fonctions qu'elles ont à y exercer; à quoi Sa Majesté desirant pourvoir par un Reglement qui remplisse ces divers objets. Vû l'avis des Députés au Bureau du Commerce, Ouy le Rapport du Sieur de Machault, Conseiller ordinaire au Conseil Royal, Controlleur Général des Finances, LE ROY ÉTANT EN SON CONSEIL, a ordonné & ordonne ce qui suit.

ART. I. Toutes les Toiles de fil de lin, de fil de chanvre, de fil d'étoupe, les toiles ouvrées & damassées pour napes & serviettes, les canevas, & toutes les autres sortes de toiles non rayées, ni à carreaux, ni teintes, appellées lingeries, qui s'apportent dans la Ville, Fauxbourgs & Banlieue de Paris, tant en écru qu'en blanc, pour y être mises dans le commerce, ou pour l'usage des Bourgeois ou autres personnes telles qu'elles puissent être, soit qu'elles ayent été fabriquées dans l'étendue de la Généralité de Paris, ou dans les autres Villes & lieux du Royaume, seront directement portées des Bureaux de la Douanne à la Halle aux Toiles établie dans ladite Ville de Paris, pour y être visitées & marquées en la forme prescrite par les Articles XII. XIII. & XIV. ci-après, & les droits sur icelles acquittés, si aucuns sont dûs.

II. Toutes les Toileries, comme les basins & futaines, les toiles de coton ou de fil & coton, tant en blanc qu'en écru, les toiles rayées & à carreaux ou à fleurs, soit tout coton, soit à chaîne de fil & à trame de coton, ou à chaîne de coton & à trame de fil, tous mouchoirs, treillis, coutils, boucassins, & autres especes de toileries teintes en entier; ou seulement à rayes ou à fleurs, de fil ou de coton, qui s'apportent dans ladite Ville de Paris, pour y être mises dans le commerce, ou pour l'usage des Bourgeois ou autres personnes telles qu'elles puissent être, soit qu'elles ayent été fabriquées dans l'étendue de la Généralité de Paris, ou dans les autres Villes & lieux du Royaume, seront directement portées des Bureaux de la Douane à ladite Halle aux Toiles, pour y être visitées & marquées en la forme prescrite par les Articles XII. XIII & XIV. cy-après, & les droits sur icelles acquittés, si aucuns sont dûs.

III. Ne pourront les Commis des Fermes des Bureaux établis aux Portes & Barrieres, & sur les Ports de ladite Ville de Paris, faire acquitter dans lesdits Bureaux, les droits de Halle d'aucune pieces desdites toiles & toileries qui entreront dans ladite Ville; pourront seulement, pour s'assurer que lesdites toiles & toileries seront portées à ladite Halle, exiger par forme de dépôt, la somme de trois livres par chaque piece ou coupon, dont ils délivreront un récépissé sans frais, à ceux de qui ils l'auront reçue. Veut Sa Majesté qu'en rapportant auxdits Commis ledit récépissé, dans les deux jours au plus tard, à compter de celui qu'il aura été délivré, avec un certificat au bas, de l'un des Syndics des Jurés Auneurs-Visiteurs de Toiles de ladite Halle, contenant que les droits ont été acquittés, lesdits Commis soient tenus de rendre dans l'instant les sommes mentionnées audit récépissé, qu'ils auront reçues; sans que, sous quelque prétexte que ce soit, ils puissent exiger aucune rétribution, à peine de restitution, de cent livres d'amende, & de destitution de leur Emploi.

IV. Fait Sa Majesté défenses à tous Voituriers, tant par terre que par eau, de décharger aucunes desdites toiles & toileries ailleurs que dans les Bureaux de la Douane ; & à tous Aubergistes, Marchands, Marchandes, Bourgeois & autres personnes telles qu'elles puissent être, de les recevoir dans leurs Auberges & maisons, qu'elles n'ayent préalablement été portées à la Halle, & qu'elles n'y ayent été marquées de la marque de visite prescrite par les Articles **XII. XIII.** & **XIV.** cy-après ; à peine de confiscation desdites toiles & toileries, qui seront coupées de deux aunes en deux aunes, & de cinquante livres d'amende contre chacun des contrevenans.

V. Toutes les toiles & toileries qui se fabriquent, tant dans la Ville, Fauxbourgs & Banlieue de Paris, que dans les autres Villes & lieux de la Généralité, qui seront apportées dans ladite Ville, seront marquées aux deux bouts de chaque piece, d'une marque faite avec de l'huile & du noir de fumée, contenant le nom & le surnom, & le nom du lieu de la demeure du Fabriquant, pour celles qui auront été fabriquées dans des lieux où il n'y a pas de Bureaux de viſite établis ; & à l'égard de celles deſdites toiles & toileries qui auront été fabriquées dans des lieux où il y a des Bureaux de viſite, elles auront, outre la marque du Fabriquant, celle de viſite de l'un deſdits Bureaux, à la tête & à la queue de chaque piece ; le tout à peine de confiſcation deſdites toiles & toileries, qui ſeront coupées de deux aunes en deux aunes, & de cinquante livres d'amende par chaque piece.

VI. Toutes les toiles & toileries fabriquées dans les autres Villes & lieux du Royaume, qui ſeront apportées dans celle de Paris, pour y être miſes dans le commerce, ou pour l'uſage des Bourgeois ou autres perſonnes telles qu'elles puiſſent être, ſeront marquées aux deux bouts de chaque piece, tant de la marque du Fabriquant que de celle de viſite des Bureaux établis dans leſdites Villes & lieux, conformément aux Reglemens faits pour la fabrique deſdites toiles & toileries dans chacune deſdites Villes & lieux, à peine de confiſcation deſdites toiles & toileries, qui ſeront coupées de deux aunes en deux aunes, & de cinquante livres d'amende par chaque piece.

VII. Les coupons de toiles & toileries fabriquées dans les Villes & lieux du Royaume, qui n'auront pas à l'un des bouts les marques ordonnées par l'article précédent, & qui ſeront apportés dans celle de Paris, pour y être mis dans le commerce, ſeront marqués aux deux bouts de la marque du Marchand ou du Fabriquant qui en fera l'envoi, empreinte avec de l'huile & du noir de fumée, contenant ſon nom, ſon ſurnom, & le nom du lieu de ſa demeure; à peine de confiſcation deſdites toiles, & de vingt livres d'amende par chaque coupon.

VIII. Les toiles & toileries dont les Marchandes Lingeres de ladite Ville de Paris font commerce concurremment avec les Marchands Merciers, ſeront viſitées ſans frais par les Gardes deſdits Merciers & par les Gardes Jurées deſdites Lingeres, conjointement avec les Jurés Auneurs-Viſiteurs de Toiles; ſans que, ſous quelque prétexte que ce ſoit, leſdits Gardes des Merciers, leſdites Jurées. Gardes des Lingeres & leſdits Jurés Auneurs puiſſent prépoſer aucunes perſonnes pour faire ladite viſite en leur lieu & place, à peine de cinquante livres d'amende, ni que leſdits Jurés Auneurs-Viſiteurs puiſſent prétendre ni percevoir pour raiſon de ladite viſite, autres ni plus grands droits que ceux qui leur ſont attribués; à peine de reſtitution & de cinq cens livres d'amende, applicable un tiers au profit de Sa Majeſté, un tiers au profit des Hôpitaux, & l'autre tiers à la perſonne de qui ils auroient exigé leſdits droits.

IX. Les toileries dont les Marchands Merciers font commerce à l'excluſion des Marchandes Lingeres, ſeront viſitées ſans frais par les Gardes deſdits Merciers conjointement avec leſdits Jurés Auneurs-Viſiteurs; ſans que, ſous quelque prétexte que ce ſoit, leſdits Gardes des Merciers puiſſent prépoſer aucunes perſonnes pour faire ladite viſite en leur lieu & place, ni leſdits Jurés Auneurs-Viſiteurs prétendre ni percevoir pour raiſon de ladite viſite, autres ni plus grands droits que ceux qui leur ſont attribués; le tout ſous les mêmes peines portées par l'article précédent.

X. Toutes les toiles & toileries qui ſeront apportées dans lad. Ville de Paris pendant le tems des Foires, & qui, par le privilege deſd. Foires, ſont diſpenſées d'être portées ſous lad. Halle, ſeront viſitées dans les Foires, ſans frais, par les Gardes deſd. Merciers & par les Gardes-Jurées deſd. Lingeres, en la maniere preſcrite par les Articles VIII. & IX. cy-deſſus, conjointement avec leſdits Jurés-Auneurs-Viſiteurs de Toiles, qui ne pourront pareillement prendre ni percevoir pour raiſon deſdites viſites, autres ni plus grands droits que ceux qui leur ſont attribués, & ce ſous les peines portées par l'article précédent.

XI. La viſite ordinaire des toiles & toileries qui ſe fera ſous ladite Halle, ceſſera à dix heures du matin les jours de grands Marchés, pour procéder à celle des toiles & toileries qui y ſeront apportées par les Marchands Forains, ſans que ladite viſite puiſſe être diſcontinuée avant que toutes les toiles & toileries deſdits Marchands forains, s'il s'y en trouve dans ladite Halle, ayent été viſitées & marquées.

XII. Les toiles & toileries fabriquées tant dans la Ville, Fauxbourgs & Banlieue de Paris, que dans les autres Villes & lieux de la Généralité, qui lors de la viſite qui en ſera faite ſous ladite Halle, ſeront trouvées avoir aux deux bouts de chaque piece, la marque du Fabriquant, par rapport à celles qui auront été fabriquées dans des lieux où il n'y a pas de Bureaux de viſite établis, & la marque de viſite à la tête & à la queue de chaque piece, outre celle du Fabriquant

Fabriquant à l'égard de celles qui auront été fabriquées dans des lieux où il y a des Bureaux, & qui seront de bonne qualité, & d'une égale force, bonté & finesse dans toute l'étendue des pieces, seront par les Gardes Merciers & par les Gardes Jurées des Lingeres, en la maniere prescrite par les Articles VIII. & IX. du présent Reglement, marquées à la tête & à la queue de chaque piece, sçavoir, celles desdites toiles & toileries blanches, d'un plomb happé, & celles en écru ou de couleur, d'une marque faite avec de l'huile & du noir de fumée, ledit plomb & ladite marque contenant ces mots, *Visite de la Halle de Paris*, avec la date de l'année; & celles desdites toiles & toileries qui seront trouvées sans les marques prescrites cy-dessus, ou de mauvaise qualité, ou autrement défectueuses, seront saisies par ceux qui en auront fait la visite, pour en être par eux la confiscation poursuivie pardevant le sieur Lieutenant Général de Police, & ceux à qui elles appartiendront, condamnés en cinquante livres d'amende par chaque piece.

XIII. Les toiles & toileries fabriquées dans les autres Villes & lieux du Royaume, apportées dans ladite Halle, qui lors de la visite qui en sera faite, seront trouvées avoir aux deux bouts de chaque piece la marque du Fabriquant & celle de visite des Bureaux des lieux de leur fabrique, & conformes aux Reglemens qui les concernent, seront par les Gardes des Merciers & par les Gardes Jurées des Lingeres, en la maniere prescrite par les Articles VIII. & IX. cy-dessus, marquées à la tête & à la queue de chaque piece, sçavoir, celles desdites toiles & toileries blanches, d'un plomb happé, & celles en écru ou de couleur, d'une marque faite avec de l'huile & du noir de fumée, ledit plomb & ladite marque contenant ces mots, *Contrôlé de la Halle de Paris*, avec la date de l'année; & celles desdites toiles & toileries qui seront trouvées sans les marques mentionnées cy-dessus, ou sans être conformes aux Reglemens qui les concernent, quoique marquées de la marque de visite des Bureaux de Fabrique, seront saisies par ceux qui les auront visitées, pour en être par eux la confiscation poursuivie pardevant le Sieur Lieutenant Général de Police, & ceux à qui elles appartiendront, condamnés en cinquante livres d'amende par chaque piece.

XIV. Les coupons des toiles & toileries fabriquées dans les Villes & lieux du Royaume, qui n'auront pas à l'un des bouts les marques ordonnées par l'article cy-dessus, & qui, lors de la visite qui en sera faite, se trouveront avoir aux deux bouts la marque du Marchand ou du Fabriquant qui en fera l'envoi, conformément à ce qui est prescrit par l'Article VII. cy-dessus, & qui seront de bonne qualité, d'une égale force & finesse, & conformes aux Reglemens qui les concernent, seront par les Gardes des Merciers & par les Gardes Jurées des Lingeres, en la maniere prescrite par les Articles VIII. & IX. cy-dessus, marqués aux deux bouts, Sçavoir, les coupons desdites toiles & toileries blanches, d'un plomb happé, & celles en écru ou de couleur, d'une marque faite avec de l'huile & du noir de fumée, ledit plomb & ladite marque contenant ces mots, *Contrôlé de la Halle de Paris*, avec la date de l'année; ceux & desdits coupons qui seront trouvés sans la marque mentionnée cy-dessus, ou sans être conformes aux Reglemens qui les concernent, ou autrement défectueux, quoique marqués de ladite marque, seront saisis par ceux qui les auront visités, pour en être la confiscation poursuivie pardevant le Sieur Lieutenant Général de Police, & ceux à qui ils appartiendront, condamnés en vingt livres d'amende par chaque coupon. Veut Sa Majesté qu'en cas de partage entre les Marchandes Lingeres, des pieces de toiles & toileries qu'elles auroient achetées sous la Halle, elles soient tenues de faire apposer aux coupons en provenant, qui se trouveront dépourvûs de marques, celle de contrôle prescrite par le présent article: Veut pareillement Sa Majesté que lesdits Bourgeois soient dispensés de faire apposer auxdits coupons qui leur seront adressés, la marque ou le plomb de contrôle de ladite Halle.

XV. Les toiles & toileries fabriquées dans la Généralité de Paris ou dans les autres Villes & lieux du Royaume, apportées dans ladite Ville pendant le tems des Foires, soit en pieces ou en coupons, qui, lors de la visite qui en sera faite dans lesdites Foires, seront trouvées avoir aux deux bouts de chaque piece, la marque du Fabriquant ou celle de visite des Bureaux des lieux de leur Fabrique, pour les pieces entieres, conformément aux Articles V. & VI. du présent Reglement, ou celle du Marchand ou du Fabriquant, pour les coupons, suivant ce qui est prescrit par l'Article VII. cy-dessus, & qui seront d'une bonne qualité, d'une égale force

& finesse dans toute l'étendue de la piece, & conformes aux Reglemens qui les concernent, seront par les Gardes des Merciers & par les Gardes Jurées des Lingeres, en la maniere prescrite par les Articles VIII. & IX. cy-dessus, marquées aux deux bouts de chaque piece ou coupon, sçavoir, celles desdites toiles & toileries blanches, d'un plomb happé, & celles en écru ou de couleur, d'une marque faite avec de l'huile & du noir de fumée; ledit plomb & ladite marque contenant ces mots, *Visite de la Foire*, & le nom de la Foire où elles seront exposées en vente, avec la date de l'année : & celles desdites toiles & toileries soit en pieces ou en coupons, qui seront trouvées sans les marques mentionnées cy-dessus, ou de mauvaise qualité, & sans être conformes aux Reglemens qui les concernent, quoique marquées desdites marques, seront saisies par ceux qui en auront fait la visite, pour en être la confiscation poursuivie pardevant le Sieur Lieutenant Général de Police, avec les condamnations d'amendes portées par le présent Reglement, suivant la nature de la contravention.

XVI. Seront tenus lesdits Gardes Merciers, lesdites Gardes Jurées Lingeres & lesdits Jurés Auneurs-Visiteurs, de saisir toutes les toiles & toileries, soit en pieces ou en coupons, qui, lors des visites qu'ils en feront sous ladite Halle ou dans les Foires, ne seront pas trouvées conformes à ce qui est prescrit par le présent Reglement; sans que, sous quelque prétexte que ce soit, ils puissent les rendre sans les marquer, ni entrer en aucune composition ou accommodement avec ceux à qui elles appartiendront, ſoit avant qu'ils en faſſent la ſaiſie ou après qu'ils l'auront faite ; à peine de trois mille livres contre chacun des contrevenans, & d'être leſdits Gardes Merciers & leſdites Gardes Jurées Lingeres, exclus pour toujours des Charges de leur Communauté, & leſdits Jurés Auneurs deſtitués de leur Office : ladite amende applicable moitié au profit de Sa Majeſté, & l'autre moitié au profit des pauvres de l'Hôpital général.

XVII. Les coins ou marques qui ſerviront à marquer leſdites toiles & toileries, ſoit dans ladite Halle de Paris ou pendant le tems des Foires, ſeront renouvellés tous les ans au deux Janvier, auquel jour les coins ou marques qui auront ſervi pendant l'année précédente, ſeront rompus & briſés en préſence d'un Officier de Police qui ſera commis à cet effet par le Sieur Lieutenant Général de Police, à la diligence duquel les nouveaux coins ou marques qui devront ſervir pendant l'année, ſeront remis ledit jour deux Janvier dans ladite Halle ; à l'effet de quoi il ſera fait mention ſur le Regiſtre du Greffe de la Police, tant des anciennes marques briſées, que de la remiſe des nouvelles, de chacune deſquelles il ſera mis une empreinte ſur le feuillet dudit Regiſtre, ſur lequel les mentions cy-deſſus ordonnées auront été faites, dont il ſera dreſſé Procès-verbal par ledit Officier de Police, pour être par lui remis audit Sieur Lieutenant Général de Police.

XVIII. Les coins ou marques ſervant à marquer les toiles & toileries dont les Marchandes Lingeres font commerce concurremment avec les Marchands Merciers, ſeront dépoſés ſous ladite Halle dans une armoire fermant à trois clefs différentes, dont l'une reſtera entre les mains de l'un des Gardes des Merciers, l'autre en celle de l'une des Gardes Jurées des Lingeres, & la troiſiéme entre les mains de l'un des Jurés Auneurs-Viſiteurs; & les coins ou marques qui ſerviront à marquer les toileries dont les Marchands Merciers font commerce à l'excluſion deſdites Lingeres, ſeront pareillement dépoſés ſous ladite Halle, dans une armoire fermant à deux clefs différentes, dont l'une reſtera entre les mains de l'un deſdits Gardes des Merciers, & l'autre en celles de l'un deſdits Jurés Auneurs-Viſiteurs.

XIX. Les toiles & toileries, ſoit en pieces entieres ou en coupons, marquées de la marque de viſite de la Halle de la Ville de Paris ou de celle des Foires, qui ſeront envoyées dans les blanchiſſeries des environs de lad. Ville, ou ailleurs, pour y être blanchies, ſeront par les Blanchiſſeurs auxquels elles auront été remiſes, marquées aux deux bouts de chaque piece ou coupon, après avoir été blanchies, d'une marque faite avec de l'huile & du noir de fumée, contenant leur nom, leur ſurnom & le nom du lieu de leur demeure; à peine, en cas de contravention, de dix livres d'amende par chaque piece ou coupon: Et ſeront leſdites toiles & toileries à leur entrée dans ladite Ville, directement portées de la Douane dans ladite Halle, pour y être ſeulement la marque de viſite & celle du Blanchiſſeur reconnues: & ſeront enſuite rendues à ceux à qui elles appartiendront; ſans que, ſous quelque prétexte que ce ſoit, elles puiſſent être de nouveau viſitées, ni que les Jurés Auneurs-Viſiteurs puiſſent exiger aucuns nouveaux droits, à peine de reſtitution de ceux qu'ils auroient perçus, & de cinq cens livres d'amende payable par celui desdits Auneurs qui auroit exigé lesdits droits, & de deſtitution de ſon Office; ladite amende appliquable un tiers au profit de Sa Majeſté, un autre tiers au profit des pauvres, & le troiſiéme à la perſonne de qui ils auroient exigé ledit droit.

XX. La Halle aux toiles ſera ouverte tous les jours ouvrables de l'année, ſçavoir, depuis le premier Octobre juſqu'au dernier Mars, à huit heures du matin juſqu'à midi, & depuis deux heures juſqu'à quatre; & depuis le premier Avril juſqu'au dernier Septembre, à ſept heures du matin juſqu'à midi, & depuis deux heures juſqu'à ſix, auſquelles heures les Gardes des Merciers, les Gardes Jurées Lingeres, & les Jurés Auneurs-Viſiteurs, ſeront tenus de ſe trouver regulierement dans ladite Halle, à l'effet d'y viſiter, marquer & auner les toiles & toileries qui y ſeront apportées, & d'y exercer par lesdits Jurés Auneurs-Viſiteurs les autres fonctions de leur Office, ſans que les uns ni les autres puiſſent s'en diſpenſer ſans cauſe ou empêchement légitime.

XXI. Veut Sa Majeſté que les Marchands forains qui apporteront des toiles & toileries dans ladite Halle, ſoient tenus, avant que de pouvoir ouvrir aucune de leurs balles & ballots, d'avertir les Gardes des Merciers, les Gardes Jurées des Lingeres & les Jurés Auneurs-Viſiteurs, pour en être la viſite faite piece par piece, & les toiles & toileries marquées en conformité de ce qui eſt preſcrit par le préſent Reglement: faiſant Sa Majeſté défenſes auxdits Marchands forains, d'expoſer en vente ni vendre aucunes pieces desdites toiles & toileries, qu'elles n'ayent été visitées & marquées conformément à ce qui est ordonné cy-dessus, à peine de trois cens livres d'amende, & de confiscation desdites toiles & toileries.

XXII. Fait Sa Majesté défenses à tous Marchands forains & autres, de s'assembler autour des balles & ballots pendant que la visite s'en fera sous ladite Halle, soit qu'ils appartiennent à des Marchands forains ou à des Marchands ou Marchandes de Paris, à peine de cent livres d'amende contre chacun des contrevenans; à l'exception néanmoins de ceux auxquels les toiles & toileries qui seront visitées, appartiendront, qui pourront, si bon leur semble, être présens à la visite.

XXIII. Toutes les balles, bannettes, paquets, caisses & ballots desdites toiles & toileries qui seront apportées à la Halle aux toiles, ne pourront être ouverts qu'en présence des Gardes des Merciers, des Gardes Jurées des Lingeres, des Jurés Auneurs-Visiteurs, & des Commis des Fermes établis dans ladite Halle, & qu'après que les Lettres de Voitures en auront été représentées : le tout à peine de confiscation desdites toiles & toileries, & de cent livres d'amende contre chacun des contrevenans.

XXIV. Fait Sa Majesté défenses à tous Marchands, Marchandes Lingeres, Marchands forains & autres, de porter ni faire porter sous ladite Halle aucunes balles & ballots de machandises, autres que des toiles & toileries, à peine de confiscation desdites marchandises, & de cent livres d'amende contre chacun des contrevenans.

XXV.

XXV. Les Syndics de la Communauté des Jurés Auneurs-Visiteurs des toiles dans la Halle de Paris, seront seuls chargés dans leur Bureau général, des clefs de ladite Halle; & seront tenus d'avoir un Registre en papier commun & non timbré, coté & paraphé par le sieur Lieutenant Général de Police, dans lequel ils enregistreront de suite, & sans aucun blanc ni interligne, par date d'année, mois & jour, & par numero, toutes les pieces, coupons, balles, ballots, caisses, mannes; bannettes & paquets de toiles & toileries, qui seront apportés dans ladite Halle & confiés à leur garde, avec les noms de ceux à qui elles appartiendront; en faisant mention à côté de chaque article, tant de la remise qu'ils auront faite desdites pieces, coupons, balles, ballots, caisses, mannes, bannettes & paquets desdites toiles & toileries, & du jour qu'elle aura été faite, que des noms de ceux auxquels ils les auront remis, qui seront tenus d'en signer la décharge sur ledit Registre: Et seront lesdits Syndics & ladite Communauté des Jurés Auneurs-Visiteurs, garans & responsables desdites toiles & toileries qui auront été déposées sous ladite Halle, & confiées à leur garde, dont ils ne pourront justifier de la remise à ceux à qui elles appartiendront.

XXVI. Lesdits Jurés Auneurs-Visiteurs, outre le Registre ordonné par l'article précédent, tiendront deux autres Registres en papier commun & non timbré, cotés & paraphés par ledit Sieur Lieutenant Général de Police, dans lesquels ils enregistreront de suite & sans aucun blanc ni interligne, par date d'année, mois & jour, sçavoir, dans l'un toutes les toiles & toileries qui auront été viſitées & marquées à la Halle, & dans l'autre celles qui auront été viſitées & marquées dans les Foires, ſur chacun deſquels Regiſtres ils feront auſſi mention de celles deſdites toiles & toileries qui pourront être ſaiſies, & des noms de ceux qui auront préſenté toutes leſdites toiles & toileries.

XXVII. Toutes leſdites toiles & toileries ſeront aunées ſous ladite Halle par les Jurés Auneurs-Viſiteurs, ſur des tables ſur leſquelles l'aune juſte meſure de Paris & ſes partitions ſeront marquées; leur faiſant Sa Majeſté défenſes d'auner aucunes pieces & coupons deſdites toiles & toileries ailleurs que ſous ladite Halle & ſur leſdites tables, à moins qu'ils n'en fuſſent requis par Juſtice; le tout à peine de nullité des aunages, & de cinquante livres d'amende contre chacun des contrevenans.

XXVIII. Seront tenus leſdits Jurés Auneurs-Viſiteurs, d'appoſer aux deux bouts de chaque piece ou coupon, & à côté de la marque de viſite de la Halle, un plomb happé, contenant d'un côté leur nom & ſurnom avec la date de l'année, & de l'autre l'aunage de toiles & toileries qu'ils auront meſurées; leur faiſant Sa Majeſté défenſes d'appliquer leſdites marques ſur aucunes pieces ou coupons deſdites toiles & toileries, qu'ils n'ayent été viſités & marqués dans ladite Halle : le tout à peine de cent livres d'amende contre chacun des contrevenans.

XXIX. Les pieces ou coupons deſdites toiles & toileries, qui ſeront préſentés à l'aunage ſans avoir la marque de viſite de ladite Halle, ſeront arrêtés par lesdits Jurés Auneurs-Visiteurs, pour en être la confiscation poursuivie pardevant le Sieur Lieutenant Général de Police, & ceux à qui ils appartiendront, condamnés aux peines portées par le présent Reglement.

XXX. En cas de contestation entre l'acheteur & le vendeur, pour raison de l'aunage qui aura été marqué par le Juré Auneur-Visiteur sur lesdites pieces ou coupons desdites toiles & toileries, la vérification en sera faite par un nouvel aunage en présence des Syndics des Jurés Auneurs-Visiteurs : & si par ladite vérification l'aunage marqué par ledit Juré Auneur-Visiteur se trouve moindre ou plus fort d'une demi-aune & au-dessus, que celui de la piece ou coupon, ledit Juré Auneur-Visiteur, sur le certificat que lesdits Syndics seront tenus d'en délivrer, sera condamné par le Sieur Lieutenant Général de Police, en cinquante livres d'amende pour la premiere fois, & en cent livres en cas de récidive, & destitué de son Office.

XXXI. Seront tenus lesdits Jurés Auneurs-Visiteurs d'auner les toiles & toileries des Marchands, à leur premiere réquisition, pendant les heures prescrites par l'Article XX. cy-dessus, sans pouvoir pour quelque cause & sous quelque prétexte que ce soit, en différer l'aunage.

XXXII. Seront tenus lesdits Jurés Auneurs-Visiteurs d'avoir un Registre coté & paraphé par le Sieur Lieutenant Général de Police, dans lequel ils enregistreront par date d'année, mois & jour, sans aucun blanc ni interligne, toutes les pieces ou coupons desdites toiles & toileries qu'ils auront aunés, leur aunage, & les noms de ceux à qui ils appartiendront, avec les droits qu'ils auront perçûs; duquel aunage ils seront tenus de délivrer, toutes les fois qu'ils en seront requis, des certificats signés d'eux en papier commun & non timbré : sans que, sous quelque prétexte que ce soit, ils puissent en délivrer aucuns ailleurs que sous ladite Halle, ni exiger aucuns droits pour l'expédition desdits certificats.

XXXIII. Seront pareillement tenus lesdits Jurés Auneurs-Visiteurs, de délivrer sans frais à tous ceux par qui ils en seront requis, des récépissés en papier commun & non timbré, des droits qui leur auront été payés, dans lesquels il sera fait mention de l'aunage des pieces ou coupons pour lesquels lesdits droits auront été perçus : Et dans le cas où aucuns desdits Jurés Auneurs-Visiteurs auroient exigé de plus forts droits que ceux attribués à leur Communauté par l'Edit de leur création, ou autres Edits & Reglemens postérieurement rendus, ils seront tenus de les restituer, & ceux desdits Auneurs-Visiteurs qui les auroient perçus, seront condamnés en cinq cens livres d'amende & destitués de leur Office ; ladite amende applicable un tiers au Roy, un tiers à l'Hôpital général, & l'autre tiers à la personne de qui ils auroient exigé lesdits droits.

XXXIV. Et afin que la quotité desdits droits attribués auxdits Jurés Auneurs-Visiteurs pour l'aunage de chaque piece ou coupon desdites toiles & toileries, qui sera mesuré dans ladite Halle, soit plus facilement connue de ceux par qui ils doivent être acquittés, Veut Sa Majesté que dans un mois, à compter du jour de la publication du présent Reglement, lesdits Jurés Auneurs-Visiteurs soient tenus de faire imprimer un Tarif contenant la quotité desdits droits, dont il sera affiché des exemplaires dans les lieux les plus apparens, tant de ladite Halle que des Foires, qui leur seront indiqués par un Commissaire de Police, qui sera à cet effet nommés par le Sieur Lieutenant Général de Police; ce qui sera renouvellé toutes les fois que besoin sera.

XXXV. Seront tenus lesdits Jurés Auneurs-Visiteurs de veiller à la sureté & conservation des toiles & toileries qui seront apportées sous ladite Halle, & d'empêcher qu'il n'en sorte aucune piece ou coupon sans avoir été visité & marqué, tant de la marque de visite que de celle de l'Auneur, conformément à ce qui est prescrit cy-dessus; à peine contre ceux qui entreprendroient d'en faire sortir furtivement, de trois cens livres d'amende, & de confiscation desdites toiles & toileries.

XXXVI. Ne pourront les Marchands forains faire commerce sous ladite Halle, d'aucunes sortes de toiles & toileries, qu'elles n'ayent été fabriquées dans les Villes & lieux du Royaume, & qu'elles n'ayent cap & queue: leur faisant Sa Majesté défenses d'apporter sous ladite Halle aucuns coupons ni aucunes toiles & toileries de Fabrique étrangere, même de celles dont l'entrée est permise dans le Royaume, à peine de confiscation desdites toiles & toileries, & de deux mille livres d'amende contre chacun des contrevenans.

XXXVII. Pourront lesdits Marchands forains, après que la visite de leurs toiles & toileries aura été faite, & qu'elles auront été marquées de la marque ou du plomb de la Halle, les exposer en vente & vendre sous ladite Halle tous les jours ouvrables, & pendant six semaines de suite, à compter du jour qu'elles y auront été déposées; passé lequel tems ils seront tenus de remballer celles qu'ils n'auront pas vendues, dont ils laisseront les balles & ballots à la garde des Syndics des Jurés Auneurs-Visiteurs, qui en feront mention sur leur Registre, conformément à ce qui est prescrit par l'Article XXV. cy-dessus. Et ne pourront lesdits Marchands forains déballer de nouveau lesdites toiles & toileries, pour les exposer en vente sous ladite Halle, ni y en introduire de nouvelles, que dans un mois, à compter du jour de l'expiration desdites six semaines. Veut Sa Majesté que lesdites balles ou ballots qu'ils laisseront sous ladite Halle, soient cachetés en présence des Gardes des Merciers, des Gardes Jurées Lingeres & des Jurés Auneurs-Visiteurs, pour leur être rendus ainsi cachetés après l'expiration du délai ordonné par le présent article.

XXXVIII. Veut Sa Majesté que lesdits Marchands forains soient tenus de faire par eux-mêmes la vente des toiles & toileries qu'il auront apportées sous ladite Halle, leur faisant défenses de se servir du ministere d'aucuns Commissionnaires, Commis, Facteurs, Domestiques, ni de quelques autres personnes que ce puisse être : Pourront seulement en cas de maladie ou autre empêchement légitime, commettre en leur lieu & place, leurs femmes ou enfans pour la vente desdites toiles & toileries, à peine de trois cens livres d'amende contre chacun des contrevenans, & d'être exclus du commerce sous ladite Halle.

XXXIX. Aucuns Marchands forains faisant commerce de toiles & toileries sous ladite Halle, ne pourront être domiciliés à Paris; & seront tenus tous lesdits Marchands forains, dans un mois, à compter du jour de la publication du présent Reglement, de justifier pardevant le Sieur Lieutenant Général de Police, de leur domicile actuel dans quelque Ville ou lieu des Provinces du Royaume; à peine contre ceux desdits Marchands se prétendant forains, qui seroient domiciliés à Paris, d'être expulsés de ladite Halle, & interdits d'y faire aucun commerce, & de trois mille livres d'amende.

XL. Fait Sa Majesté défenses à tous Marchands Merciers, Marchandes Lingeres & autres, faisant commerce de toiles & toileries dans la Ville, Fauxbourgs & Banlieue de Paris, d'avoir dans leurs maisons, magasins, boutiques ou ailleurs, & de vendre ni exposer en vente aucunes pieces entieres desdites toiles & toileries, qu'elles n'ayent aux deux bouts de chaque piece, la marque de visite de la Halle; comme aussi de garder ni débiter aucune piece entamée, ni aucun coupon desdites toiles & toileries, qu'ils n'ayent à l'un des bouts ladite marque de visite, à peine de confiscation desdites pieces entieres, pieces entamées & coupons, & de cinquante livres d'amende pour chaque piece & coupon.

XLI. Et néanmoins pour faciliter la vente & le

débit des toiles & toileries que lesdits Marchands Merciers, Marchandes Lingeres & autres faisant commerce desdites toiles & toileries dans les lieux privilégiés de ladite Ville, Fauxbourgs & Banlieue de Paris, ont actuellement en leur possession, soit en pieces entieres, en pieces entamées ou en coupons, sans être marquées du plomb ou de la marque de visite de la Halle; veut Sa Majesté que dans trois mois, à compter du jour de la publication du présent Réglement, lesdites toiles & toileries soient marquées sans frais, sçavoir, les pieces entieres, aux deux bouts, & les pieces entamées & coupons, à l'un des bouts, desdites marques ou plombs de visite, lesquelles marques ou plombs seront appliqués, sçavoir, chez les Marchands Merciers dans leurs maisons, magasins & boutiques, par les Gardes de leur Corps; chez les Marchandes Lingeres, dans leurs maisons, magasins & boutiques, par les Gardes Jurées de leur Communauté; & chez les autres Marchands des lieux privilegiés de ladite Ville, Fauxbourgs & Banlieue de Paris qui ne sont agregés à aucune Communauté, par un Commissaire de Police qui sera à cet effet nommé par le Sieur Lieutenant Général de Police, auquel il sera payé pour tous droits, un sol par chaque piece entiere, piece entamée & coupon: Passé lequel tems de trois mois ci-dessus prescrit, toutes les toiles & toileries qui se trouveront dans les maisons, magasins & boutiques, tant desdits Marchands Merciers que desdites Marchandes Lingeres, & autres Marchands faisant commerce desdites toiles & toileries dans les lieux privilégiés & non privilégiés de ladite Ville,

Ville, Fauxbourgs & Banlieue de Paris, ſans avoir aux deux bouts leſdits plombs ou marques, ſeront ſaiſis par les Gardes des Merciers & par les Gardes Jurées des Lingeres, chacun à leur égard, chez les Marchands & Marchandes de leur Communauté, & par ceux qui ſeront prépoſés par ledit Sieur Lieutenant Général de Police, chez les Marchands faiſant commerce de toiles & toileries dans les lieux privilégiés & non privilégiés de ladite Ville, Fauxbourgs & Banlieue de Paris, qui ne ſont agregés à aucune Communauté, pour être pardevant lui la confiſcation pourſuivie, & les contrevenans condamnés en trois cens livres d'amende.

XLII. Veut Sa Majeſté que les Gardes des Marchands Merciers & les Gardes Jurées des Lingeres ſoient tenus de faire chaque année deux viſites générales, & des viſites particulieres toutes les fois qu'il ſera néceſſaire, chez tous les Marchands & Marchandes de leur Communauté, même chez les Marchands faiſant commerce de toiles & toileries établis dans les lieux privilégiés de ladite Ville, Fauxbourgs & Banlieue de Paris, qui ne ſont pas agregés à leur Communauté, après néanmoins avoir obtenu la permiſſion du ſieur Lieutenant Général de Police pour faire leſdites viſites dans les lieux privilégiés & non privilégiés, & en ſe faiſant aſſiſter d'un Commiſſaire de Police; lors deſquelles viſites ils ſaiſiront & arrêteront toutes les toiles & toileries qui ſeront trouvées en contravention du préſent Reglement, pour en pourſuivre la confiſcation pardevant ledit Sieur Lieutenant Général de Police, avec les condamnations d'amende ordonnées.

XLIII. Seront tenus les Forts ou gens de peine travaillant ſous la Halle aux toiles, dans huitaine, à compter du jour de la publication du préſent Reglement, de ſe faire inſcrire par nom & ſurnom ſur un Regiſtre qui ſera tenu à cet effet par les Jurés Auneurs-Viſiteurs, de ſe trouver regulierement ſous ladite Halle avant & après les heures preſcrites par l'Article XX. cy-deſſus pour la tenue de ladite Halle, & remballer les balles & ballots de toiles & toileries qui auront été ouverts, lorſqu'ils en ſeront requis par ceux auxquels ils appartiendront; ſans que pour raiſon deſdits emballages, ports de balles & ballots, & autres travaux, ils puiſſent prétendre autres ni plus forts ſalaires que ceux qui ſeront fixés par le tarif qui en ſera arrêté par le ſieur Lieutenant Général de Police, dont il ſera affiché des exemplaires aux lieux les plus apparens de ladite Halle : à peine, en cas de contravention, de punition corporelle contre leſdits Forts ou gens de peine, qui ſeront ſubordonnés pour tout ce qui concerne la tenue de ladite Halle & le ſervice du public, aux Gardes des Merciers, aux Gardes Jurées des Lingeres & auxdits Jurés Auneurs-Viſiteurs, à peine d'être chaſſés de ladite Halle, même de punition corporelle en cas qu'ils ſe portaſſent à quelques excès, tant contre leſdits Gardes des Merciers, leſdites Gardes Jurées des Lingeres & leſdits Jurés Auneurs-Viſiteurs, que contre les Marchands forains & autres.

XLIV. Les Procès-verbaux qui ſeront dreſſés des contraventions faites au préſent Reglement, feront mention des articles du Reglement auxquels il aura été contrevenu ; & les amendes qui seront prononcées pour raison desdites contraventions, dont l'application n'est pas ordonnée cy-dessus, seront appliquées, sçavoir, un tiers au Roy, un tiers au profit des Gardes des Merciers, des Gardes Jurées des Lingeres, ou des Jurés Auneurs-Visiteurs qui auront fait les saisies, & l'autre tiers au profit des pauvres de l'Hôpital général.

XLV. Seront au suplus les Edits concernant, tant la Police de la Halle aux toiles de Paris, & le commerce des Marchands forains, des Marchands Merciers & des Marchandes Lingeres, que les Jurés Auneurs-Visiteurs, exécutés selon leur forme & teneur, en ce qui n'y est pas dérogé par le présent Reglement.

XLVI. Enjoint Sa Majesté au Sieur Lieutenant Général de Police de la Ville de Paris, de tenir la main à l'exécution du présent Arrêt, qui sera lû, publié & affiché par-tout où besoin sera, & sur lequel toutes Lettres nécessaires seront expédiées. FAIT au Conseil d'Etat du Roy, Sa Majesté y étant, tenu à Versailles le quinziéme jour de Mars mil sept cens quarante-six. *Signé*, PHELYPEAUX.

LOUIS, par la Grace de Dieu, Roy de France & de Navarre : A notre amé & féal Conseiller en nos Conseils le Sieur Lieutenant Général de Police de notre bonne Ville, Prevôté & Vicomté de Paris, SALUT. Nous vous mandons & enjoignons par ces Présentes signées de Nous, de tenir la main à l'exécution de l'Arrêt dont l'Extrait est cy-attaché sous le contre-Scel de notre Chancellerie, cejourd'hui donné en notre Conseil d'Etat, Nous y étant, pour les causes y contenues. Commandons au premier notre Huissier ou Sergent sur ce requis, de signifier ledit Arrêt à tous qu'il appartiendra, à ce que personne n'en ignore, & de faire pour son entiere exécution, tous Exploits, Commandemens, Sommations, & autres Actes requis & nécessaires, sans autre permission : CAR TEL EST NOTRE PLAISIR. Donné à Versailles le quinziéme jour de Mars, l'an de grace mil sept cens quarante-six, & de notre Regne le trente-uniéme. *Signé*, LOUIS. *Et plus bas*, Par le Roy, PHELYPEAUX. Et scellé du grand Sceau de cire jaune.

CLAUDE-HENRY FEYDEAU DE MARVILLE, Chevalier, Comte de Gien, Conseiller du Roy en ses Conseils, Maître des Requêtes ordinaire de son Hôtel, Lieutenant Général de Police de la Ville, Prevôté & Vicomté de Paris.

Vû l'Arrêt du Conseil cy-dessus, Nous ordonnons qu'il sera imprimé, lû, publié & affiché dans tous les lieux ordinaires & accoutumés de cette Ville & Fauxbourgs, & notamment à la porte & dans l'intérieur de la Halle aux Toiles, pour être exécuté selon sa forme & teneur, à ce que personne n'en ignore. FAIT à Paris, ce treize Avril mil sept cens quarante-six. Signé, *FEYDEAU DE MARVILLE.* Et plus bas, *par Monseigneur, MILLET.*

ARREST DU CONSEIL D'ETAT DU ROY.

Qui ordonne que l'Arrest de Reglement concernant la Halle aux Toiles de Paris, du 15 Mars 1746, sera exécuté selon sa forme & teneur; & que toutes les contestations qui surviendront au sujet des contraventions audit Arrêt de Reglement, seront portées pardevant le Sieur Lieutenant Général de Police de la Ville de Paris, & par lui jugées définitivement, & ses Ordonnances exécutées par provision, sauf l'Appel au Conseil, &c.

Du dix-huit Octobre 1749.

LE ROY s'étant fait représenter l'Arrêt rendu en forme de Reglement en son Conseil d'Etat le quinze May 1746, pour faire cesser plusieurs abus introduits dans le Commerce qui se fait sous la Halle aux Toiles de la Ville de Paris, pour assurer la bonne qualité des Toiles & Toileries qui y sont apportées de diverses Manufactures du Royaume, & pour établir sous ladite Halle la regle & la discipline qu'il convient qui y soient observées de la part des différentes personnes qui ont droit de s'y trouver, soit à raison de leur Commerce, ou des fonctions qu'elles y ont à exercer; de l'exécution duquel Reglement le Sieur Lieutenant Général de Police de Paris a été chargé par l'Article XLVI. SA MAJESTÉ étant aussi informée que des différentes contestations qui se sont élevées à l'occasion de ce Reglement, les unes ont été portées devant ce Magistrat comme Juge de Police, d'autres com-

Arrêt du Conseil d'Etat du Roy concernant la Halle aux Toiles, du 18 Octobre 1749.

me Commiſſaire du Conſeil, & la maniere de procéder devant être uniforme, lorſqu'il ſurviendra quelques conteſtations au ſujet de l'exécution dudit Reglement; SA MAJESTÉ a jugé à propos d'expliquer ſa volonté à ce ſujet. OUY le Rapport du Sieur de Machault, Conſeiller ordinaire au Conſeil Royal, Controlleur Général des Finances : ET TOUT CONSIDERÉ, SA MAJESTÉ ETANT EN SON CONSEIL, a ordonné & ordonne que l'Arrêt de Reglement concernant la Halle aux Toiles de Paris du quinze Mars 1746, ſera exécuté ſelon ſa forme & teneur, & que toutes les conteſtations qui ſurviendront au ſujet des contraventions audit Arrêt de Reglement, ſeront portées pardevant le Sieur Lieutenant Général de Police de la Ville de Paris, & par lui jugées définitivement, & ſes Ordonnances exécutées par proviſion, ſauf l'appel au Conſeil, à l'effet de quoi SA MAJESTE' lui en a attribué toute Cour, Juriſdiction & connoiſſance, & icelle interdite à toutes ſes Cours & autres Juges; & ſera le préſent Arrêt exécuté, nonobſtant toutes oppoſitions ou empêchemens quelconques, pour leſquelles ne ſera differé, & dont ſi aucuns interviennent, Sa Majeſté s'en eſt réſervé, & à ſon Conſeil, la connoiſſance; & ſera ledit Arrêt lû, publié & affiché par tout où beſoin ſera. FAIT au Conſeil d'Etat du Roy, SA MAJESTE' y étant, tenu à Fontainebleau le 18e jour d'Octobre 1749. *Signé*, DE VOYER D'ARGENSON.

LOUIS, par la Grace de Dieu, Roy de France & de Navarre : A notre amé & féal Conſeiller en nos Conſeils, le Sieur Lieutenant Général de Police de notre bonne Ville, Prevôté & Vicomté de Paris, SALUT. Nous vous mandons & ordonnons par ces préſentes ſignées de notre main, de proceder à l'exécution de l'Arrêt dont Extrait eſt cy-attaché ſous le contre-Scel de notre Chancellerie, ce jourd'hui rendu en notre Conſeil d'Etat, Nous y étant pour les cauſes y contenues, vous en attribuant toute Cour, Juriſdiction & connoiſſance & icelle interdiſant à toutes nos Cours & autres Juges. Commandons au premier notre Huiſſier, ou Sergent ſur ce requis, de ſignifier ledit Arrêt à tous qu'il appartiendra, à ce que perſonne n'en ignore, & de faire pour l'entiere exécution d'icelui tous Actes & Exploits néceſſaires ſans autre permiſſion: Car tel eſt notre plaiſir. DONNÉ à Fontainebleau le dix-huitiéme jour d'Octobre l'an de grace mil ſept cens quarante-neuf, & de notre Regne le trente-cinquiéme. *Signé*, LOUIS. Et plus bas. Par le Roy. *Signé*, DE VOYER D'ARGENSON.

Nicolas-René Berryer, Chevalier, Conſeiller du Roy en ſes Conſeils, Maître des Requêtes ordinaires de ſon Hôtel, Lieutenant Général de Police de la Ville, Prevôté & Vicomté de Paris.

VEU l'Arrêt du Conſeil cy-deſſus, enſemble les Lettres de Commiſſion expédiées ſur icelui, Nous ordonnons que ledit Arrêt du Conſeil ſera imprimé, lû, publié, & affiché dans tous les lieux ordinaires & accoutumés de cette Ville & Fauxbourgs, pour être exécuté ſelon ſa forme & teneur. Fait à Paris le vingt-deuxiéme Novembre 1749.

EXTRAIT DE L'ARREST DE LA COUR De Parlement, rendu en faveur des Marchands Merciers.

CONTRE les Jurés & Communauté des Maîtres Ouvriers Fabriquans en Draps d'or, argent & ſoye, dits Férandiniers.

QUI reçoit les Marchands Merciers Oppoſans aux Statuts & Lettres Patentes desdits Fabriquans de 1667. Ordonne l'exécution contr'eux de l'Arrêt de la Cour du 24 Janvier 1711, intervenu contre les Tiſſutiers-Rubanniers, & des Statuts, Ordonnances & Reglemens du Corps de la Mercerie.

Du 18 Janvier 1751.

Extrait de l'Arrêt de la Cour de Parlement, en faveur des Marchands Merciers, contre les Ferandiniers, du 18 Janvier 1751.

LA Cour faiſant droit ſur le tout, reçoit les Maîtres & Gardes du Corps des Marchands Merciers de Paris, & les Maîtres & Gardes des ſix Corps des Marchands Oppoſans aux Statuts des Maîtres Ouvriers Fabriquans en Draps d'or, d'argent & ſoye, & aux Lettres Patentes portant confirmation d'iceux du mois de Juillet 1667, en ce que leſdits Maîtres Ouvriers Fabriquans y ont été qualifiés Marchands, Maîtres & Gardes & Corps, en ce qu'il leur eſt accordé le droit de vendre non-ſeulement les étoffes de leur fabrique, mais encore celles des autres Manufactures du Royaume, même celles des Pays Etrangers, & toutes ſortes de ſoyes, en ce qu'il leur eſt auſſi accordé le droit de viſiter

&

& lottir entr'eux les Marchandises foraines de leur état, & pareillement le droit de visiter chez les Marchands Merciers lesdites étoffes & de les saisir, faisant droit sur leursdites oppositions, fait défenses auxdits Maîtres Ouvriers Fabriquans de se qualifier Marchands, Maîtres & Gardes & Corps, mais seulement, Maîtres Ouvriers Fabriquans, Jurés & Communauté; ordonne que les Statuts, Arrêts & Reglemens du Corps des Marchands Merciers, & notamment l'Arrêt du 24 Janvier 1711, seront exécutés selon leur forme & teneur, déclare, en tant que de besoin, ledit Arrêt commun avec lesdits Maîtres Ouvriers Fabriquans d'étoffes d'or, d'argent & soye; en conséquence, leur fait défenses de vendre autres Marchandises que celles qui auront été faites & fabriquées par eux, leurs Enfans, Serviteurs ou Domestiques, en leurs Maisons en cette Ville & Fauxbourgs de Paris, sans en pouvoir faire venir de dehors, ni en faire faire à façon par les Maîtres dudit métier, & pareillement de vendre aucunes soyes, ni autres matieres qu'ils employent à leurs Ouvrages, & néanmoins de grace, leur accorde deux ans pour pouvoir se défaire & vendre celles qu'ils ont actuellement chez eux, lesquelles à cet effet ils seront tenus dans trois mois, à compter du jour de la signification dudit présent Arrêt au domicile de leurs Jurés, de les faire marquer de la marque du Corps des Marchands Merciers, soit en leurs Maisons & Boutiques, ou au Bureau desdits Merciers, au choix desdits Maîtres Ouvriers Fabriquans, le tout à l'amiable & sans frais, sinon, & à faute de ce faire dans ledit tems, & icelui passé, ils demeureront déchus de ladite grace; comme auſſi fait défenſes auxdits Maîtres Ouvriers Fabriquans d'entreprendre aucunes viſites ni marques, ſoit ſur les marchandiſes de leur état amenées en cette Ville par les Marchands forains, ſoit ſur celles qui ſeront ès Maiſons & Boutiques des Marchands Merciers, ou en ſortiront, ou en chemin pour y être conduites, ſauf néanmoins à leurs Jurés dans les cas où quelques Marchands Merciers ou autres, ſe trouveront prévenus de notable contravention, à faire des viſites extraordinaires chez leſdits Marchands Merciers ou autres, & à y ſaiſir les Marchandiſes en contravention, après toutesfois en avoir obtenu la permiſſion du Lieutenant de Police par Ordonnances rendues ſur Requêtes, dans leſquelles l'eſpece & nature de contravention, enſemble les noms & demeures des Marchands prévenus d'icelles ſeront exprimés, en ſe faiſant aſſiſter d'un Commiſſaire au Châtelet, & en la préſence de l'un des Maîtres & Gardes du Corps de la Mercerie, ou dûement appellé au Bureau dudit Corps, par ſommations qui ſeront faites la veille audit Bureau avant ſix heures du ſoir en Eté, & avant quatre heures en Hyver, à peine de nullité des ſaiſies qui ſeroient faites autrement; ordonne que la mainlevée proviſoire accordée à Poitevin des Marchandiſes ſur lui ſaiſies demeurera définitive, ordonne au ſurplus qu'il ſera paſſé outre à l'enregiſtrement deſdits Statuts & Lettres Patentes, ſi faire ſe doit en la maniere accoûtumée, ſans néanmoins que ſous prétexte du contenu en l'article 45, leſdits Maîtres Ouvriers puiſſent fabriquer d'autres étoffes que celles de la qualité énoncée en l'Arrêt du 8 Avril 1666, à la charge par eux, conformément aux articles 9 & 34 desdits Statuts, de marquer de leur marque particuliere les Marchandises qu'ils auront fabriquées, & en outre de les faire visiter & marquer par les Jurés en Charge de leur Communauté, sur le surplus des autres demandes, fins & conclusions, met les Parties hors de Cour, & sera le présent Arrêt imprimé & transcrit sur les Registres desdites Communautés; condamne lesdits Maîtres Ouvriers Fabriquans en tous les dépens, même en ceux réservés. Si mandons mettre le présent Arrêt à exécution. DONNÉ en Parlement le 18 Janvier l'an de grace 1751, & de notre Regne le trente-sixiéme.

Collationné, LANGELE'.

Par la Chambre. *Signé*, DU FRANC.

EXTRAIT DE L'ARREST DE LA COUR, rendu sur l'opposition des Gardes de la Mercerie à l'Enregistrement des Lettres Patentes du mois de Juin 1660. & des Statuts des Graveurs y mentionnés.

Du 15 May 1662.

PAR cet Arrêt la Cour ayant égard à l'opposition des Maîtres & Gardes du Corps de la Mercerie, a ordonné qu'il sera permis aux Marchands Merciers de vendre & débiter les Cachets qui viennent du dehors, & qu'ils n'en pourront vendre de gravés des Armes des personnes particulieres, Arrêt contre les Graveurs, du 15 May 1662.

qu'ils n'ayent été faits par les Maîtres Tailleurs-Graveurs de cette Ville de Paris, qui feront tenus d'en faire quand ils en feront requis par lefdits Marchands Merciers, enfemble tous autres Ouvrages de leur Métier & Profeffion; fait défenfes auxdits Tailleurs-Graveurs de prendre autre qualité que celle de Jurés, & d'empêcher les Marchands Merciers de mettre au-devant de leurs Boutiques tel étalage que bon leur femblera, à l'exception de ceux où feroient empreints Armes & Cachets, &c. DONNÉ en Parlement le 15 May 1662.

Signé, DU TILLET.

Aucuns Marchands Jouailliers ne pourra expofer ni étaler aucuns Sceaux ou Cachets, qu'ils ne viennent des Pays Etrangers, &c.

Arrêt contre les Graveurs, du 30 Juillet 1751.

EXTRAIT DE L'ARREST DE LA COUR, rendu fur différentes oppofitions de plufieurs Corps & Communautés à l'Enregiftrement des nouveaux Statuts & Lettres Patentes du mois d'Octobre 1737, obtenues par la Communauté des Graveurs; & entr'autres fur celle des Gardes de la Mercerie.

Du 30 Juillet 1751.

LA COUR ayant aucunement égard à l'oppofition formée par les Maîtres & Gardes des Marchands Merciers à l'Enregiftrement des nouveaux Statuts obtenus par ladite Communauté des Maîtres Graveurs, ordonne que l'article 17 * defdits nouveaux Statuts au droit & poffeffion defdits Marchands Merciers de faire commerce & avoir en leurs Boutiques & Magafins les outils propres à la Gravure & Cizelure, fans néanmoins que lefdits

* Cet art. 17 porte. Nulle perfonne de quelque qualité que ce foit, ne pourra a-

Marchands Merciers puissent vendre ni avoir en leur possession aucun Alphabet à droit, servant à faire marque & Cachets, aucunes Fleurs de Lys couronnées, Ecussons, ni aucuns poinçons figurés, à peine de confiscation d'iceux; ordonne que l'Arrêt du 15 May 1662, sera exécuté selon sa forme & teneur; & en conséquence sera ajoûté à l'article 19 * desdits nouveaux Statuts, que lesdits Merciers pourront vendre les Sceaux, Etuis & Cachets gravés, qu'ils feront venir, tant des Pays étrangers, que des Villes & Provinces du Royaume; ordonne que l'article 25 ** desdits nouveaux Statuts sera supprimé, &c. Donné en Parlement le 30 Juillet 1751.

voir en sa possession aucuns des outils servant à faire Gravure & Cizelures, &c.

* Art. 15.

Par la Chambre. *Signé*, DUFRANC.

** Par cet article 25. les Graveurs s'étoient arrogé la faculté de vendre toutes sortes de Tabatieres & Bijoux portant Gravure & Cizelure.

EXTRAIT DES REGISTRES DE Parlement.

ENTRE Denis Noiret Marchand Mercier Grossier-Joüailler à Paris, appellant d'une Sentence donnée par le Prevôt de Paris ou son Lieutenant Civil le 12 Août 1622. & de tout cequi s'en est ensuivi d'une part: Et les Maîtres Jurés Serruriers de Paris deffendeurs, & Nicolas Colmont intimé d'autre. Et encore entre les Maîtres & Gardes de la Marchandise de Mercerie-Grosserie & Jouaillerie intervenans en l'instance d'entre ledit Noiret & lesdits Jurés Serruriers d'une part, Et lesdits Jurés Serruriers d'autre, &c.

Arrêt contre les Jés Serruriers, du 26 Juin 1638.

DIT A E'TE' Que ladite Cour faiſant droit ſur les apellations interjettées par leſdits Maîtres Jurés Serruriers des Sentences des 14 Janvier 1626. & 13 Juillet 1637. a mis & met les appellations & ce dont a été appellé au néant : Et quant aux appellations deſdites Sentences des 30 Janvier 1632. & 16 Janvier 1637. a mis & met les appellations & ce dont a été appellé au néant ſans amende, en émendant faiſant droit tant ſur leſdites interventions que Requête du 13 Mars 1635. & principal deſdites inſtances évoquées. Ordonne que les Arrêts de Reglement du 19 Juillet 1561. 22 May 1599. & 22 Août 1620. ſeront executés : Et néanmoins qu'à l'avenir viſitation ſera faite deux fois l'année par les Maîtres Jurés Serruriers ès boutiques & maiſons deſdits Marchands des ouvrages de Serrures, Gonds, Pattes, Veroux & Fiches qui s'appliquent tant aux portes que fenêtres des maiſons ſeulement, & toutes les autres ferrures déchargées de la viſitation, à la charge que ladite viſitation ſe fera en préſence d'un des Commiſſaires du Châtelet, y gardant les formes de Juſtice, à peine de deux cens livres d'amende, leſquelles Marchandiſes leſdits Jurés Serruriers ſeront tenus de viſiter ſur le lieu, & les deffectueuſes par eux trouvées ſaiſies miſes en un ſac à part qui ſera clos & ſcellé par le Commiſſaire, & porté incontinent en la Chambre du Subſtitut du Procureur Général au Châtelet, & non ailleurs, pour y être fait droit en préſence des parties, où icelles duëment appellées, & être ordonné ce qu'il appartiendra, & ſans que leſdits Jurés Serruriers puiſſent étendre leur viſitation hors les boutiques & maiſons deſdits Marchands Mer ciers ni avoir droit de ſuite en autres maiſons que deſdits Merciers quant ils les auront vendues, & qu'ils feront hors leurſdites boutiques, & ſur le ſurplus tant des demandes que appellations & principal évoqué: A mis & met les parties hors de Cour & de procès, a fait main levée auſdits Noiret & de Bourges de toutes leurs Marchandiſes ſaiſies, & dont ils pouvoient être chargés, ſans dépens des inſtances. Prononcé le vingt-ſix Juin mil ſix cens trente-huit.

Signé GUYET.

EXTRAIT DES REGISTRES de Parlement.

ENTRE les Maîtres Jurés Serruriers de cette Ville de Paris, demandeurs à l'enthérinement d'une Requête par eux préſentée à la Cour le 30 Juin 1638. à ce qu'il lui plût ſpecifier aux ouvrages de Serrureries deſquelles elle entend décharger les Marchands Merciers de la viſitation, que deffenſes ſoient faites auſdits Merciers d'entreprendre de fournir aucuns ouvrages dudit Métier de Serrurerie en bâtimens de cette Ville & autres lieux, ſinon de vendre leurs Marchandiſes dans leurs Boutiques; & outre que la main-levée & reſtitution des Marchandiſes jugées au profit de Denis Noiret & Jean de Bourges ne ſera que de celles qui ſe trouveront en nature, & encore demandeur en requête judiciaire à ce que interprétant l'Arrêt rendu en ladite Cour entre leſdites parties le 26 Juin 1638. deffenſes ſoient faites auſdits Merciers de vendre des Ancres, Tirans,

Arrêt contre les Serruriers, du 24 Juillet 1638.

Corbeaux, Barrocs, Tremys, Supentes, Barreaux, Treillis, Grilles, Equérres & autres pieces ſervans aux Bâtimens, & outre que lors de la viſitation ordonnée par ledit Arrêt deux fois l'année ſur leſdits Merciers, iceux dits Merciers ſeront tenus repréſenter toutes leurſdites Marchandiſes & d'en prêter leur ſerment d'une part, & les Maîtres & Gardes de la Marchandiſe de Mercerie, Groſſerie & Jouaillerie de cette Ville de Paris, & Jean de Bourges Marchand Mercier deffendeur & requerant l'execution dudit Arrêt d'autre part, ſans que les qualités puiſſent préjudicier. Après que Roſée pour les Maîtres Jurés Serruriers, Delamet pour leſdits Maîtres & Gardes, Baillot pour leſdits Noiret & de Bourges ont été ouys ſur la Requête, à laquelle a été conclu. LA COUR ſans avoir égard à ladite Requête de laquelle elle a debouté les demandeurs, ordonne que l'Arrêt du 26 Juin ſera exécuté ſelon ſa forme & teneur, & néanmoins ordonne que les Serruriers ne ſeront tenus rendre les Marchandiſes ſinon celles qui ſe trouveront en nature, & ſe purgeront par ſerment ne les avoir, ni par dol, ni fraude les retenir, ſans dépens. Fait en Parlement le vingt-quatriéme Juillet mil ſix cens trente-huit. Signé GUYET.

TABLE DES MATIERES.

On croit devoir prevenir les Lecteurs que les propoſitions, ou aſſertions de cette Table, ne ſe trouveront pas toujours en termes exprès à la page indiquée; mais dans ce cas, ou le texte que l'on cite ſuppoſe la propoſition, ou la propoſition eſt une conſequence néceſſaire du texte cité; par exemple au mot *ſociété*, il eſt dit, *qu'elle eſt defendue avec autres que Merciers*. La page 81, l'une de celles auſquelles on renvoye, ne porte point cette défenſe, mais les peines qu'elle prononce contre ceux qui contractent de pareilles ſociétés, en ſuppoſent néceſſairement la prohibition, *Vice verſâ*. La prohibition eſt une conſéquence indiſpenſable des peines prononcées.

Il eſt à propos auſſi qu'on ſoit averti que quand une maxime eſt compriſe dans les dernieres lignes d'une page & les premieres de la ſuivante, on a indiqué indifféremment l'une ou l'autre de ces pages, obſervant preſque toujours que ce fut celle où ſe trouvent les termes eſſentiels de la propoſition.

A

F

Fin de la Table des Matieres.

www.ingramcontent.com/pod-product-compliance
Ingram Content Group UK Ltd.
Pitfield, Milton Keynes, MK11 3LW, UK
UKHW031836260826
14628UKWH00001B/422